Un manuel de sculpture sur bois

J. Holtzapffel , Charles Godfrey Leland

Writat

Cette édition parue en 2023

ISBN : 9789359254074

Publié par
Writat
email : info@writat.com

Contenu

INTRODUCTION.

BOIS, OUTILS ET AFFÛTAGE.

L'HABILETÉ dans la sculpture sur bois, comme dans tout autre art, ne peut être atteinte que par la minutie. Que l'élève garde donc à l'esprit qu'il doit veiller à maîtriser les *premières* leçons et ne pas aller plus loin jusqu'à ce qu'elles puissent être exécutées avec aisance et précision. Cela sera grandement facilité si le livre est lu avec soin et non utilisé à titre de simple référence.

LES PROFESSEURS remarqueront que le travail s'effectue selon une série régulière de leçons progressives, la première étant extrêmement facile ; et que ces leçons s'enchaînent si progressivement les unes aux autres que les dernières ne sont pas plus difficiles que la première pour celui qui a progressé avec soin depuis le début. Cela s'avérera grandement utile à l'enseignement et à l'auto-instruction.

Chaque élément d'information sera trouvé sous sa rubrique propre, et non dispersé çà et là dans différents chapitres : car chaque leçon est complète en elle-même, et dès le début, l'élève apprend à produire un travail satisfaisant de son genre. Ainsi, le découpage ou l'emboutissage, qui s'apprennent d'emblée, et le rainurage à la gouge, qui n'est pas plus difficile, sont capables de réaliser de très beaux décors même si l'ouvrier ne va pas plus loin. En fait, aucun écrivain n'a jamais sérieusement réfléchi aux résultats précieux et variés que ces processus simples peuvent produire.

Enfin, l'auteur s'est efforcé dans ces pages de traiter la sculpture sur bois non seulement comme un art raffiné, dont le but principal est de produire des spécimens d'œuvres de fantaisie pour des expositions, et des fac-similés de fleurs, à ne jamais toucher, mais aussi de qualifier l'apprenant. pour un métier, et en quoi consistent réellement les neuf dixièmes de toute sculpture pratique sur bois, c'est-à-dire de maison et autres grandes décorations, et d'œuvres qui doivent peut-être être peintes et exposées à l'air. Il n'y a aucune raison pour que l'artiste ne soit pas prêt à entreprendre des figures de proue pour des navires, des portes de jardin, des corniches pour des toits et des pièces, des dados, des panneaux de porte et des ouvrages similaires, ainsi que de simples jouets de salon, qui ne devraient avoir aucun effet. finition sauve le toucher délicat de l'outil de coupe.

L'auteur fait observer à propos de ce travail qu'il a été soumis à de très grandes obligations envers M. John J. HOLTZAPFFEL , Assoc. M. Inst. CE, dont le nom est si bien connu de tous les ouvriers du bois et du métal, pour les révisions, suggestions et ajouts du chapitre sur l'utilisation de la scie en sculpture. Il remercie également M. CADDY , professeur de sculpture sur bois à Brighton, pour ses précieuses suggestions.

Outils et instruments. Le premier et le plus important est une table ou un banc solide et, si possible, *lourd*. Si l'élève n'en a pas les moyens, il faut lui trouver une petite table de cuisine ordinaire. Il doit être utilisé uniquement pour la sculpture, car il sera nécessaire de percer des trous et d'y enfoncer des vis. Mais s'il ne peut pas se passer d'une table, l'élève doit y remédier en plaçant une planche d'au moins un pouce d'épaisseur sur une table commune et en la fixant avec des pinces. À un stade plus avancé, il sculptera debout sur un banc plus élevé ou avec son travail sur un support. Les élèves des « ateliers » de sculpture sur bois sculptent souvent debout dès le début.

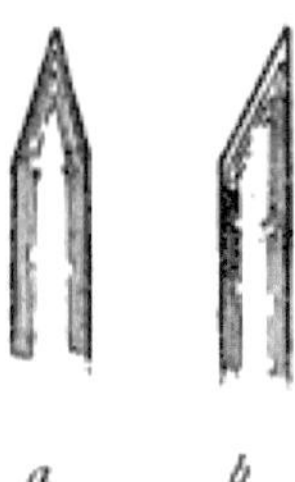

a　　　*b*

Les outils de sculpture sont généralement divisés en deux classes : les ciseaux, qui sont plats à l'extrémité et dans la lame ; et les gouges, qui sont creuses. Parmi les sculpteurs sur bois professionnels, le premier est généralement connu sous le nom de *ciseau*, afin de le distinguer du ciseau utilisé par les charpentiers. Le ciseau du sculpteur est toujours affûté des *deux* côtés, de manière à former un coin comme un toit très haut et raide (*a*), tandis que celui du charpentier est un outil plus robuste, son bord étant comme un coin plat d' *un* côté (*b*), car il est uniquement rectifié sur l'autre. Le but de l'affûtage des *deux côtés* des ciseaux de menuisier est qu'il y a beaucoup de coupes qui ne peuvent pas du tout être exécutées par un ciseau de menuisier, ou du moins pas facilement, car on serait obligé, en s'en servant, de le retourner continuellement.

Figure *1a* .
ESCROQUER.

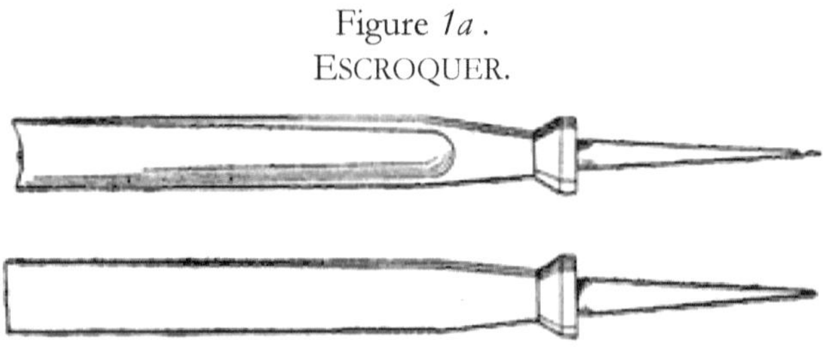

PLUS FERME

Les ciseaux ou raffermisseurs pour sculpteurs , Fig. 1 *b* , sont de toutes tailles, d'un pouce de largeur jusqu'au « pic », qui, à l'extrémité ou au bord, n'est pas plus large qu'un petit trait d'union (-). À ceux-ci peuvent être ajoutés les « ciseaux inclinés », également appelés « biais » ou « coin- firmers », qui sont plus fermes et affûtés en diagonale, de sorte que la pointe soit d'un côté. Ceux-ci sont également affûtés des deux côtés.

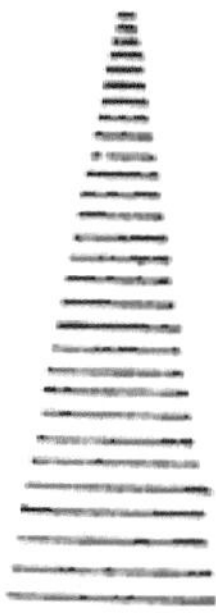

Figure *1b* . LES PLUS FERMES .

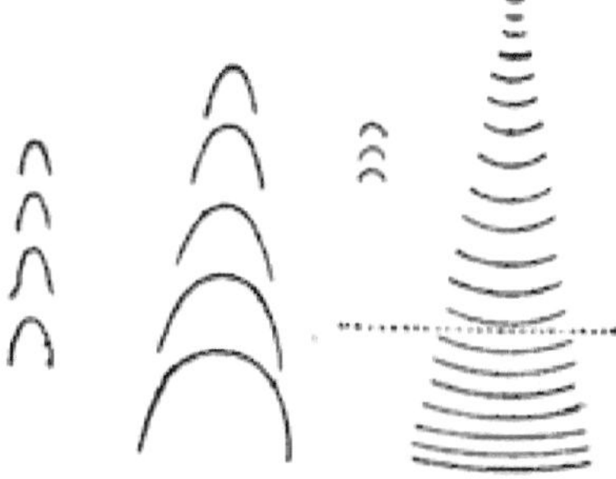

Figues. 2-5. GOUGES.

Gouges , fig. 2 à 5 , sont des ciseaux plus ou moins arrondis. Ceux-ci, de toutes largeurs, varient de l' *extra plat* , qui est si légèrement courbé qu'il pourrait d'un simple coup d'œil être pris pour un ciseau ordinaire, à l'ordinaire « plat ». Un peu plus de courbure ou de convexité donne la *gouge du rouleau* . Un demi-cercle ou toute partie plus étroite de la même courbe est une *gouge creuse* , dont les plus petites tailles sont appelées *veineuses* , les plus petites de ces dernières étant connues sous le nom d' *outils à œil* . Il existe quelques différences de noms pour ces outils parmi les écrivains, ainsi que parmi les ouvriers, mais à toutes fins pratiques, les termes utilisés ici peuvent être acceptés et sont compris par tous ceux qui vendent les outils.

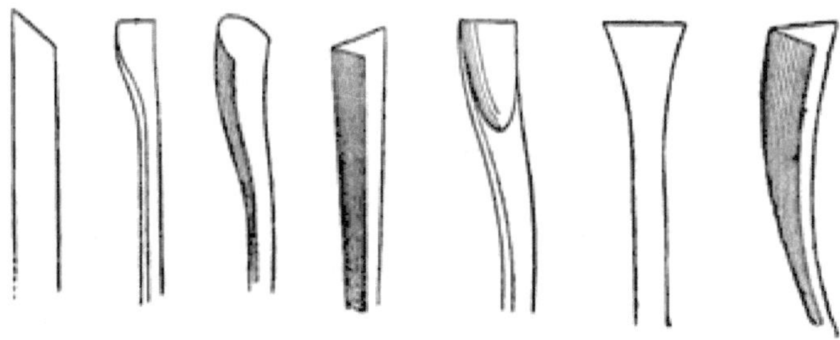

Outils pliés. Les ciseaux et les gouges sont droits, courbés ou courbés dans la tige. Il arrive souvent que lors de coupes profondes ou dans des espaces creux, il soit impossible de couper avec un outil à manche droit, alors qu'avec un outil de forme différente, le bois peut être facilement enlevé, fig. 6 .

Des attaches. — *Vis de sculpteur* et *pinces* , *vis à main* , *vis d'établi* , *etc.* Comme le sculpteur tient son outil d'une main et le dirige de l'autre, il est évident que certains moyens doivent être pris pour maintenir en place l'œuvre qu'il coupe.

I. La méthode la plus simple pour y parvenir consiste à enfoncer trois ou quatre clous ou vis dans la table à une distance convenable. L'ouvrage peut être retenu entre ceux-ci pour éviter qu'il ne glisse.

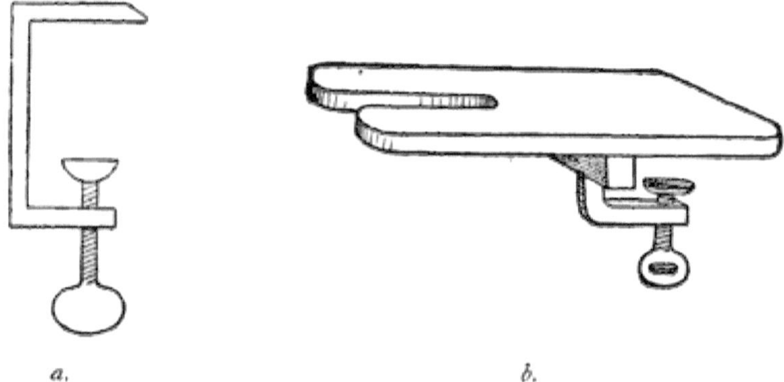

Figure 7. TABLE DE MAINTIEN ET DE SCIE.

II. DES ATTACHES. — *Pinces* ou *crampes* , Fig. 7 . Ces crampes sont de petites armatures en fer, comme les trois côtés d'un carré, avec une vis dans le membre inférieur. Ils sont utilisés sur le bord de la table pour maintenir fermement l'œuvre à sa surface ; deux ou plus sont toujours employés. Leur faute est qu'ils ébrèchent et endommagent l'ouvrage ; un morceau de bois de rebut peut être interposé entre l'ouvrage et le membre supérieur pour empêcher cela, mais une telle protection est généralement gênante et autrement répréhensible. *Vis à main* , fig. 8 et 9 , sont un bien meilleur outil, totalement exempt de l'objection mentionnée ci-dessus. Ils sont constitués de deux bandes de bois dur arrondies à une extrémité, ou mâchoires, et de deux vis, également en bois, dont l'une passe dans les deux mâchoires, et l'autre dans une seule ; l'extrémité de cette seconde vis pénétrant dans un évidement pratiqué dans l'autre mors pour la retenir en position. Pour les utiliser, les poignées sont fermement saisies dans les deux mains, et les mains tournent l'une autour de l'autre loin de vous, ce qui fait que les mâchoires s'ouvrent exactement parallèlement l'une à l'autre. Lorsque l'ouverture entre les mors est égale à l'épaisseur de la pièce et de la table, les vis à main sont glissées dessus, et la deuxième vis reçoit alors seule un demi-tour supplémentaire, ce qui fait légèrement sortir les mors du parallélisme et effectue une prise puissante. sur le travail à leurs points. Ils sont extrêmement puissants également pour retenir les travaux de collage et à d'autres fins, et sont fabriqués de toutes tailles.

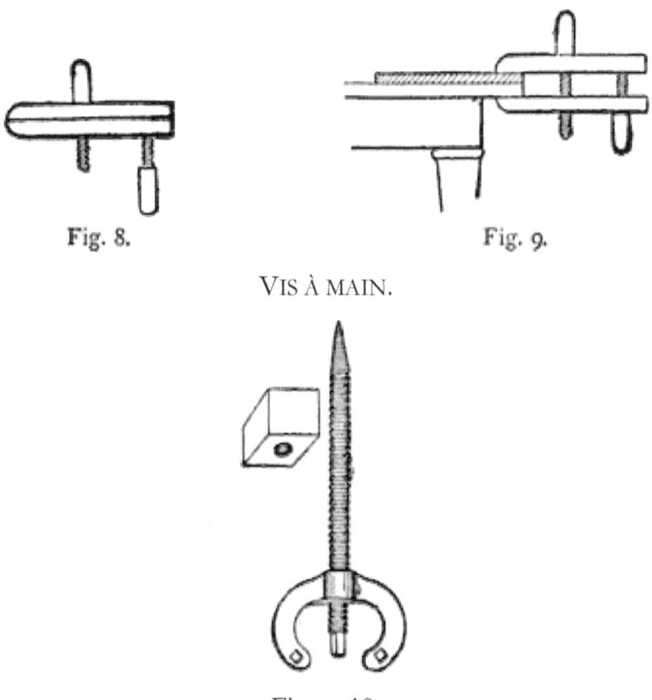

Fig. 8.　　　　　　　　　Fig. 9.

VIS À MAIN.

Figure 10.
VIS DES SCULPTEURS.

III. *Vis de sculpteur*, fig. 10 . Ce sont des vis en fer d'environ 12 ou 14 pouces de long, avec une vis pointue plus fine, comme celle d'une vrille, à une extrémité, et un carré à l'autre ; sur la vis se trouve un écrou à ailettes ou volant. Pour les utiliser, la pointe est vissée fermement dans la face inférieure de l'ouvrage, l'écrou volant étant retiré et utilisé comme levier par l'un des trous de ses ailes placés sur le carré à l'extrémité de l'arbre. L'arbre est ensuite passé à travers un trou pratiqué dans le haut du banc ou de la table, et l'écrou volant est remplacé sur la vis située sous la table pour y fixer le travail. Les vis sont longues, ce qui est parfois pratique, mais si le travail est mince , il est d'usage de mettre un bloc de vieux bois sur l'arbre avant l'écrou volant, pour éviter l'ennui d'avoir à visser celui-ci longuement. Le desserrage de l'écrou permet de retourner l'ouvrage dans n'importe quelle position souhaitée, et il n'y a rien au-dessus de la table sauf l'ouvrage.

IV. *Snibs ou chiens*, fig. 11 , 12 . Ce sont des pièces de bois vissées à la table, qui maintiennent le panneau ou autre ouvrage par une saillie. Ils sont facilement réalisés par simple sciage d'une pièce de bois correspondant assez en épaisseur au panneau.

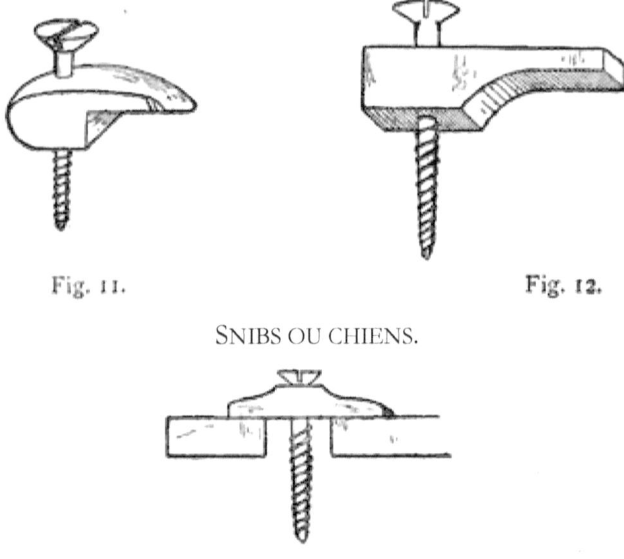

SNIBS OU CHIENS.

Figure 13.

V. Prenez un « bouton » ordinaire, fig. 13 , comme on en trouve couramment sur les armoires des maisons de campagne, pour fermer la porte. Sciez un morceau du panneau d'un ou plusieurs pouces carrés. Insérez la vis dans le bouton et retournez-la sur le panneau et le petit morceau de bois. Deux ou plusieurs d'entre eux maintiendront le travail parfaitement rapide.

VI. La méthode la plus simple consiste à laisser environ un pouce à chaque extrémité du panneau et à passer des vis à travers ces parties supplémentaires dans la table. Lorsque l'œuvre est sculptée, ces extrémités peuvent être sciées.

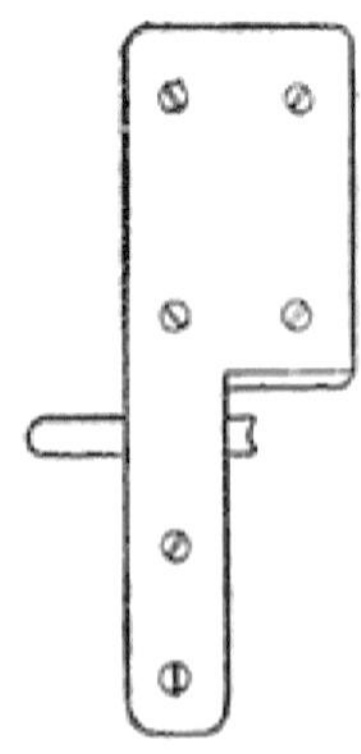

14. Rayure.

L'éraflure, fig. 14 . C'est un outil très pratique et ingénieux. «Il est utilisé»,
explique J. S. Gibson («The Wood-Carver», Édimbourg, 1889), «pour réaliser
de petites moulures et des creux. Là où les lignes sont longues et droites, le
travail est plus fin que ce qui est possible au moyen de gouges. Les couteaux
sont fabriqués à partir de morceaux d'acier d'à peine 1 à 16 de pouce
d'épaisseur. Les morceaux de scies cassés sont généralement utilisés pour les
coupeurs. Ils doivent être solidement fixés dans la crosse. Il se travaille
doucement en allers et retours. Lorsque les fraises sont limées à la forme
requise, elles doivent être finies avec une pierre à glissement pour éliminer
les marques de lime. Ils sont affûtés directement sur les bords.

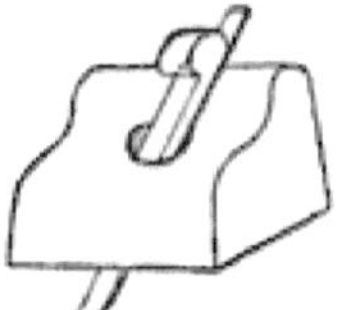

15. Routeur.

Le routeur, fig. 15 . Il s'agit d'une petite copie du rabot de menuisier du
même nom. Il est constitué d'un bloc de bois doté d'une semelle parfaitement
plate ; un trou qui le traverse en biais porte la fraise et la cale par laquelle elle
est fixée. Il est utilisé pour aplatir le terrain après qu'il ait été partiellement
creusé avec les ciseaux. La semelle de la toupie repose sur toutes les marges
restantes de la surface originale, et étant travaillée sur le sol, la saillie fixe de
la fraise réduit rapidement celle-ci à un vrai niveau. Ces toupies sont
fabriquées à partir d'environ neuf pouces de longueur dans la semelle jusqu'à
environ trois pouces, la plus petite, quels petits outils ont des couteaux
d'environ 1 à 8 pouces de large.

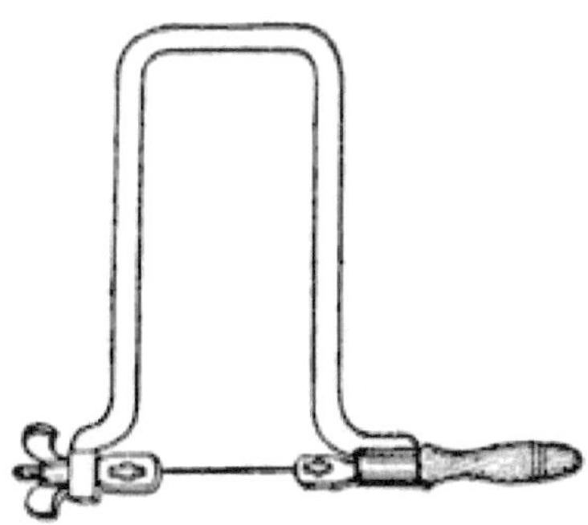

16. Scie à archet à frettes.

Scies. Ceux-ci sont de diverses sortes ; La scie à archet à frettes, fig. 16 , est
peut-être la plus utile . Il s'agit d'un cadre en acier léger et fin avec des

mâchoires à vis, à l'extrémité ouverte dans lesquelles les fines lames de scie sont serrées. Le manche est également formé comme une vis, par laquelle sa mâchoire peut être avancée d'environ un pouce vers son homologue. Pour mettre la scie en position de travail, l'extrémité du manche est vissée jusqu'à ce que sa mâchoire ait avancé d'environ un pouce, la scie est ensuite fixée dans la mâchoire opposée par sa vis moletée, puis dans la mâchoire du manche de la même manière. , après quoi la poignée est tournée jusqu'à ce que sa mâchoire ait parcouru à nouveau la distance qu'elle avait précédemment avancée, tendant ainsi la scie par la tension du cadre de scie à ressort en acier. Cette scie est très utile pour éliminer les pièces superflues du contour, aussi bien dans les travaux à plat que lors de la sculpture en ronde-bosse, comme nous l'expliquerons ; son objectif principal est de découper les bois percés et les boiseries ajourées, mais pour de tels travaux, comme les ouvertures découpées ne coupent pas toujours jusqu'aux bords, une perceuse est nécessaire pour percer des trous afin d'enfiler la scie à travers l'œuvre avant qu'elle ne soit placée dans la deuxième mâchoire pour la tendre. La figure 16 est requise pour les œuvres percées posées sur un sol puis sculptées, style de sculpture qui sera décrit. Les scies à queue d'aronde ou à tenon des menuisiers ordinaires, avec leurs lames à dos rigides, sont nécessaires et sont presque indispensables pour couper des parties de l'ouvrage et le tailler en forme ; ces scies sont trop connues pour nécessiter une description.

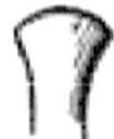

Fig. 17. COURBURE DES ARTICULATIONS.

En plus des outils déjà décrits, l'élève aura besoin pour des travaux plus nombreux et variés des éléments suivants : I. *Le ciseau à pelle* et *la gouge à pelle* . Ceux-ci sont très légers et sont utilisés pour les finitions à la main, comme par exemple pour couper autour des raisins ou des prunes ou pour les travaux de précision. II. *Courbes d'articulation* , Fig. 17 . Ce sont des gouges creusées ou pliées en forme de jointure. III. *L'outil Macaroni* , fig. 18 . C'est comme les trois côtés d'un carré. Il sert à enlever le bois de chaque côté d'une veine ou d'une feuille, ou à un travail délicat similaire. Ce n'est pas très couramment utilisé. IV. *L'outil de séparation ou* V , *droit ou courbé* . C'est un outil utile pour tracer un motif ou veiner des feuilles. Les débutants le trouvent, comme les macaronis, plutôt difficiles à aiguiser ou à garder un avantage. Il ne doit pas être utilisé de manière imprudente pour la sculpture, car il risque de se briser s'il n'est pas manipulé avec soin. Il doit être conservé avec un bouchon au bout.

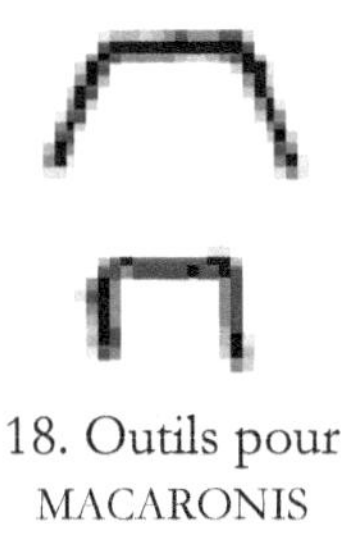

18. Outils pour
MACARONIS

.

Les experts se demandent si les outils destinés aux débutants doivent avoir des manches longs ou courts, ce qui est aussi judicieux que s'ils devaient débattre pour savoir si les élèves doivent avoir de grandes ou de petites mains. Le général Seaton, qui est dans d'autres domaines une bonne autorité, déclare qu'« il faut éviter les petits manches de buis courts et bien tournés ; ils sont presque inutiles. Procurez-vous des manches en hêtre ou en frêne de bonne taille, longs de cinq pouces, et si l'acier mesure quatre ou quatre pouces et demi de long, vous aurez un outil vraiment utilisable. Le bon sens enseigne qu'entre un enfant ou une jeune femme qui a une paume « de la taille d'un sceau de cardinal » (pour emprunter une comparaison à Benvenuto Cellini) et un ouvrier qui briserait un gant numéro dix, il doit y avoir de très grandes différences. dans la taille des poignées, et il est certain que pour les jeunes débutants, les courtes sont à conseiller. S'ils ne doivent pas être obtenus tout faits , prenez un long manche ordinaire, sciez-le à la longueur requise, disons de trois à trois pouces et demi, autour du bord tranchant du bois, d'abord avec un couteau ou un ciseau, puis avec une râpe, et terminez avec du papier de verre. Assurez-vous que les outils une fois placés dans les poignées sont *bien annelés* et *fermes* . Dans la plupart des magasins, il est habituel de les affûter si nécessaire. Après s'être habitué à ces poignées, l'élève pourra, au fur et à mesure de ses progrès, se familiariser avec celles qui sont d'usage général.

Il n'y a en réalité qu'un seul *problème* dans la sculpture sur bois. Il s'agit d'affûter les outils et de les maintenir en bon état. Pour cela, la meule et la pierre à huile sont indispensables, et le débutant doit prendre soin d'apprendre à bien et facilement affûter ses outils.

AFFÛTAGE. Les outils qui ne sont pas encore meulés, ou dont le tranchant est cassé, peuvent, avec patience et soin, être affûtés sur une pierre plate et dure, mais les meules rondes qui tournent avec un manche ne sont pas chères ; Cependant, vous pouvez toujours faire rectifier vos outils par n'importe quel menuisier. Chaque sculpteur devrait donc, si possible, posséder une de ces meules. Il servira aussi bien à une grande classe qu'à un individu. Le prochain indispensable est la *pierre à huile* . Cela peut être trouvé de différentes sortes ; la pierre de Turquie ordinaire, sertie dans un bloc de bois, répondra aux plus fermes , aux biais et aux gouges plates, tandis que pour les outils plus fins, les meilleures pierres de l'Arkansas peuvent être employées. Avant de s'en servir, laissez tomber dessus quelques gouttes d'huile, que l'on conservera dans un petit pot à bec étroit, fait exprès pour ce genre de goutte. Ayez un chiffon grossier et lorsque vous en avez fini avec la pierre, essuyez-la toujours pour la débarrasser de l'huile. Faites bien attention à ne pas porter de creux au milieu de la pierre. C'est de loin la meilleure solution de demander à un sculpteur sur bois ou à un charpentier de vous montrer comment affûter les outils. Il y a très peu d'endroits où il n'y a personne qui puisse enseigner cet art. Il est habituel d'avoir un couvercle sur la pierre à huile, qui doit toujours être dessus lorsqu'elle n'est pas utilisée, pour empêcher la poussière de se déposer sur la surface. En effet, un très peu de poussière combinée à l'huile est un grand frein à l'affûtage.

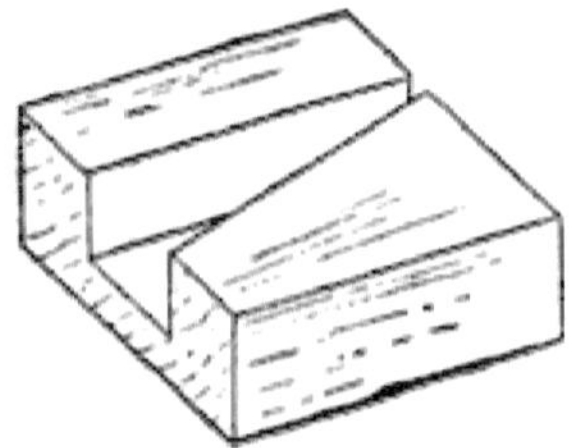

Fig. 19. SUPPORT DE GLISSEMENT.

Glisse. Ce sont des morceaux de pierres d'Arkansas, de Turquie et d'autres pierres, de formes variées, destinés à s'adapter à l'intérieur d'outils qui ne peuvent pas être affûtés sur une surface plane, comme celle de la pierre à huile. Ils nécessitent une grande prudence lors de leur manipulation, pour éviter de se couper les doigts. Pour éviter cela, prenez un morceau de bois et faites-y une rainure profonde, exactement adaptée pour maintenir fermement la pierre, en laissant dépasser autant que peut l'exiger l'usage, fig. 19 . Si vous ne pouvez pas obtenir une barbotine exactement adaptée à un outil particulier, alors meulez-la ou coupez-la en forme sur la meule ou avec une lime ; certains sculpteurs utilisent une pierre à aiguiser très grossière adaptée à cet effet. La méthode sûre d'utilisation d'une barbotine lorsqu'elle n'est pas montée dans du bois est de « poser le dos de la gouge à un pouce et demi du bord sur le bord de la table ; le bord de l'outil doit être légèrement relevé, et la barbotine peut alors être appliquée en parfaite sécurité et avec beaucoup d'effet. (Seaton.) Le V, ou outil de séparation, est difficile à affûter car, jusqu'à ce que l'on ait l'habitude de l'utiliser, il est difficile de couper chaque côté en *parfaite* uniformité avec l'autre. Pour cela, il est nécessaire de disposer d'un affûtage glissant à bord en V, de manière à épouser exactement l'intérieur de l'outil.

La sangle. Il s'agit d'un morceau de cuir dur et lisse, collé sur une planche plate. Celui-ci peut être préparé avec de l'huile douce et de la poudre d'émeri, ou du Tripoli, à renouveler selon les occasions, ou avec une préparation de saindoux et de poudre de crocus. La pâte émeri vendue à l'outillage répondra à tous les travaux ordinaires. Lorsqu'aucune sangle n'est disponible, un tranchant final, ou un tranchant de rasoir, peut être donné même sur une planche de pin lisse, surtout s'il y a une très petite poussière d'air fine dessus.

Aiguiser les outils, c'est comme enfiler une aiguille en cousant, ou mettre une pointe sur un crayon à mine lorsqu'on dessine, ce qui est un grand ennui et une interruption constante d'un travail sérieux, mais auquel il faut constamment veiller. Ne continuez jamais à sculpter une seconde si vous constatez qu'un outil devient terne ou « grattant ». Il ne peut y avoir de bon travail sans de très bons outils en parfait état.

On peut constater que les outils ne sont jamais autant affûtés *à l'intérieur* qu'à l'extérieur. De plus , cette double rectification donne un tranchant plus tranchant ; mais les gouges nécessitent très peu de bordures *intérieures* .

Si le sculpteur ne parvient pas à obtenir une pierre de Turquie ou d'Arkansas, il peut utiliser de l'ardoise lisse ou presque n'importe quelle pierre assez dure.

BOIS. Tout le bois destiné à la sculpture doit être de la meilleure qualité, bien séché et exempt autant que possible de fissures, de nœuds ou d'autres irrégularités. Le pin blanc fin ou sapin, étant très facile à couper, convient à un débutant. Les bois de tilleul et de poirier, comme le pin, ont un grain uniforme. Le noyer américain est également facile à couper. Il est d'une belle couleur foncée , bien améliorée par le huilage et l'âge. A cela s'ajoutent, mais plus résistants que les précédents, le hêtre, l'orme et le chêne. Le peuplier, le sapin jaune et ce qu'on appelle le bois américain (connu sous le nom de peuplier en Amérique, dans les États du Centre) sont utiles pour de nombreux types de travaux. Le sculpteur doit s'habituer le plus tôt possible au chêne, car un bois dur n'est en aucun cas difficile à sculpter dès qu'un peu d'habileté est acquise. L'os, l'ivoire et la nacre, qui au premier effort semblent presque impénétrables, sont au bout de quelques jours « travaillés » avec une grande facilité.

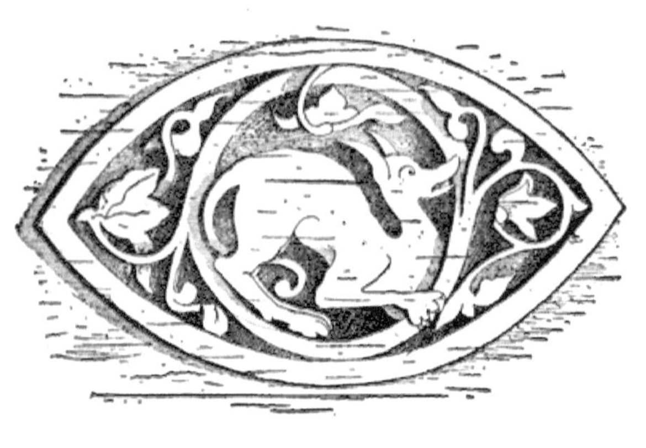

PREMIÈRE LEÇON.

INdentation et estampage.

LA première étape de la sculpture sur bois consiste à décorer une surface plane en très bas relief par un procédé qui, à proprement parler, n'est pas du tout de la sculpture. Laissez le débutant prendre un panneau ou une planche mince et plate, disons un de six pouces de largeur, douze de longueur et un demi-pouce ou moins d'épaisseur. Pour ce genre de travail, un bois au grain fin, uniforme et de couleur claire , comme le houx ou le hêtre, est préférable. Dessinez le motif sur du papier, de la taille prévue, avec une mine de plomb ou un crayon de couleur très noir et doux, placez-le face contre le bois, et en retournant les bords, collez-les jusqu'au bord du panneau. Puis avec un objet dur et très lisse, comme un brunissoir en agate ou en acier, un coupe-papier ivoire ou le bout d'un manche de canif arrondi et brillant, frottez soigneusement le dos du motif. Lorsque cela est fait, retirez le papier et le motif se retrouvera transféré sur le bois. S'il est imparfait, retouchez-le.

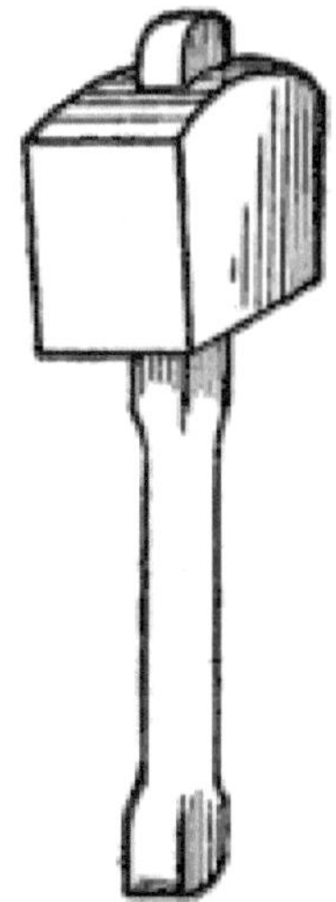

Figure 20.

L'élève peut maintenant, avec une roue à motifs ou un traceur, indenter ou marquer une ligne ou une rainure étroite dans le contour du motif. Le traceur est le même instrument du même nom qui est utilisé en *repoussé* ou en tôlerie ou en métallurgie. Son extrémité ressemble exactement à celle d'un tournevis. Pour le manier correctement, tenez-le debout et faites-le avancer en le frappant au fur et à mesure avec un marteau en fer ou en bois, fig. 20 . Dans certains pays, on utilise un bâton de bois d'environ six pouces de longueur et un pouce de largeur à la crosse. Là où la roue ne peut pas être utilisée, comme dans les petits virages, utilisez le traceur. Le traceur pointu, fig. 21 , utilisé en maroquinerie et en menuiserie, est souvent indispensable pour les petits patrons.

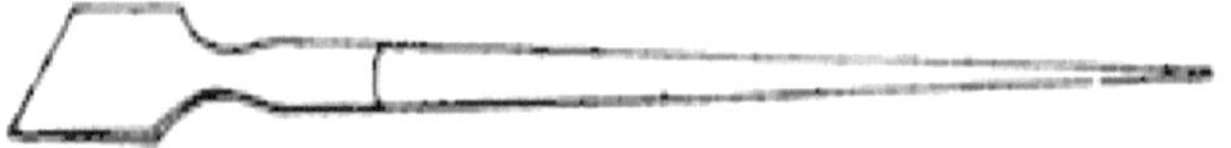

Fig. 21. TRACEUR POINTU ET BORDÉ.

Lorsque le contour est entièrement tracé dans une rainure, prenez un des *tampons* , ou poinçons de mise à la terre, montrés sur la fig. 23 , et avec le marteau indentez tout le fond, fig. 24 . S'il y a des coins trop petits pour accueillir le ou les tampons pour le même motif, finissez-les avec un clou pointu ou n'importe quelle pointe, comme un passe-partout. Le résultat ressemblera à la conception simple de la figure 23 . Lorsque cela est fait, enduisez le tout d'huile, frottez-le et essuyez-le soigneusement. Puis avec un morceau de bois très tendre polissez uniquement le motif, et enfin frottez-le à la main ou avec une brosse dure. Ce type d'ornementation est adapté aux couvertures de livres ou d'albums, car il peut être appliqué sur les feuilles de bois les plus fines.

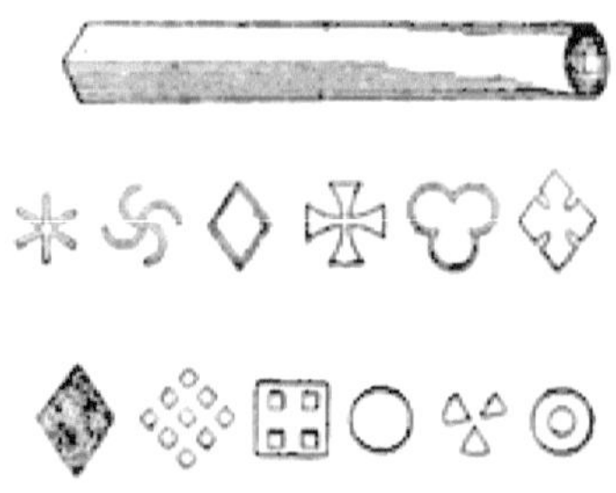

Figure 23. TIMBRES.

Une autre façon d'améliorer ce travail est de prendre le traceur, de lisser et d'enfoncer le sol, notamment près du bord du motif. Cela donne un soulagement amélioré. Ensuite, le sol peut être estampé ou « emmêlé », fig. 24 . On peut considérer que l'élève qui maîtrise ce procédé d'indentation avec roue, traceurs et tampons, sera tout à fait capable de travailler des modèles sur des feuilles de cuir humides, puisque celles-ci s'effectuent de la même manière avec les mêmes outils. La première étape du travail *du repoussé* ou du laiton n'en diffère pas non plus beaucoup. Tous les arts mineurs ont beaucoup de points communs ; bon nombre des outils utilisés dans l'un sont applicables aux autres. L'élève qui débute avec quelques connaissances en dessin trouvera bientôt facile de travailler avec n'importe quel matériau.

Ce faisant, l'élève a une idée de la manière dont un motif est *placé* ou *espacé* et contrasté avec le sol. Il peut maintenant prendre un autre panneau, et après avoir dessiné le motif, découper le contour dans une légère rainure avec une très petite gouge ou un outil en V, ou un outil *plus ferme* . Qu'il ait bien soin de tenir le manche dans sa main droite, et de guider la lame avec les doigts de la gauche, *et de ne jamais laisser celle-ci s'avancer vers la pointe* . Ne coupez pas profondément ou trop rapidement. Avant de commencer le motif, entraînez-vous à découper des rainures sur des déchets de bois. Si cela n'est pas fait, le panneau sera presque certainement endommagé. Il est habituel chez les sculpteurs de commencer par découper la rainure avec un outil en V, mais il est bon de s'y préparer en utilisant le traceur ou la molette.

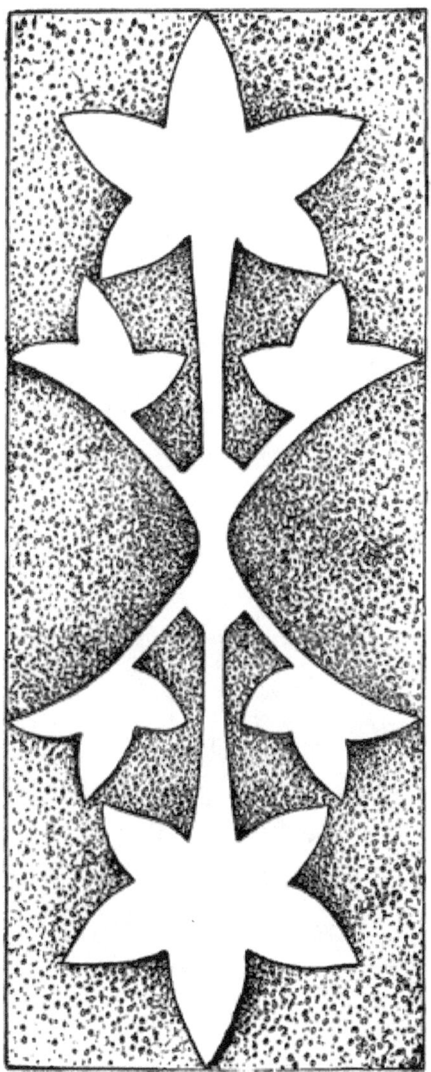

Figure 24.

La figure 27 représente l'effet d'un fond qui est en retrait et, dans une certaine mesure, orné, en utilisant des tampons ronds de différents motifs et tailles. De très bons effets peuvent être produits de cette manière, qui ressemble à un travail avec des couches.

Pour récapituler clairement le processus, permettez-moi d'observer : Que pour commencer, l'élève doit avoir un panneau lisse, sans nœuds ni imperfections. Le motif est dessiné dessus ou transféré dessus. Ce motif doit être entièrement tracé, sans aucune ligne intérieure ni dessin entre les bords extérieurs, Fig. 24 . Prenez une roue ou un traceur et indentez tout le motif très soigneusement et assez profondément, non pas d'une seule pression, mais en passant deux ou trois fois sur la ligne. Puis avec un tampon et un marteau indentez tout le fond et les espaces entre les bords du motif. Après avoir fait cela une fois, prenez un autre panneau et un autre motif, et au lieu d' *appuyer sur* le contour avec une roue ou un traceur, coupez-le avec un outil de séparation ou une gouge, pas trop profondément. Puis indentez comme précédemment, Fig. 25 .

Cet estampage du fond est souvent appelé à tort sculpture *sur couche* , mais la couche est, à proprement parler, un petit motif multiplié pour former un fond, et non une ondulation grossière, un point de passe-partout ou une piqûre. Ce dernier est bien entendu en retrait. Les couches peuvent être soit estampées, soit sculptées comme tout autre motif.

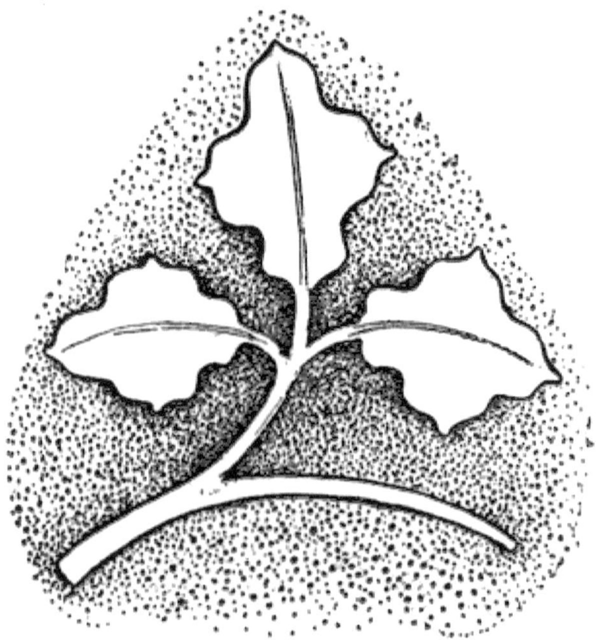

Figure 25.

Ce procédé d'aplatir, de tourner, de tracer et d'emboutir le bois, quoique peu pratiqué aujourd'hui, était si courant au moyen âge, qu'il y a très peu de galeries contenant des tableaux à fond d'or dans lesquelles il n'y en ait pas des spécimens. De très grands maîtres en peinture le pratiquaient fréquemment . Après avoir doré le sol, ils dessinaient le motif avec une roue piquante, qui ressemble assez à la molette d'un éperon, et traçaient souvent des motifs en pointillés avec la roue elle-même sur l'or plat. De la peinture noire ou marron foncé était ensuite appliquée sur les points. Parfois, le timbre était également utilisé et ses marques ou trous remplis de la même manière. Il n'est pas nécessaire de dorer le fond pour produire un bel effet. Appliquez d'abord une couche de vernis, polissez-la une fois sèche avec du papier de verre le plus fin, puis appliquez une ou deux couches de peinture à l'huile blanche, teintée de jaune de Naples, et quand elle est sèche, travaillez-la avec des traceurs de roues et des tampons. Une fois sec, polissez-le à nouveau et frottez de la peinture marron foncé sur toutes les lignes et tous les points. Recouvrez-le de deux couches de vernis fin de retouche, et l'effet sera celui d'un vieil ivoire estampé.

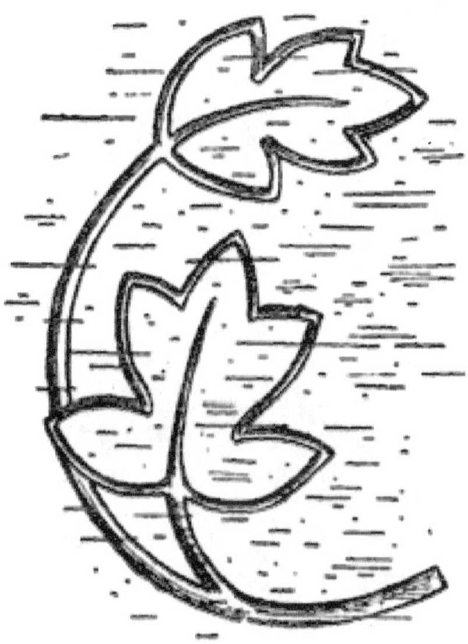

Figure 26. LIGNES DE GOUGE.

Cette première leçon pourra être omise par ceux qui désirent passer immédiatement à la sculpture. Il est donné ici parce qu'il expose la manière la plus simple et la moins coûteuse d'orner le bois, et qui forme à elle seule un art curieux et beau. Grâce à lui, on peut se familiariser avec la méthode de transfert des motifs sur le bois, ainsi qu'avec la gestion du traceur et du tampon. La molette doit être tenue dans la main droite et guidée par l'index de la gauche, ce qui est une bonne pratique préparatoire au ciseau et à la gouge.

Bien que les outils nécessaires à ce travail soient peu nombreux et peu coûteux, on peut observer que des substituts acceptables peuvent être obtenus partout. Presque n'importe quelle lame de couteau, gomme ou tournevis peut être meulée en un bord émoussé qui peut servir à tracer et à presser le bois, tandis qu'une pointe ou un très gros clou peut, avec une lime, être traversé à l'extrémité de manière à faire un tampon.

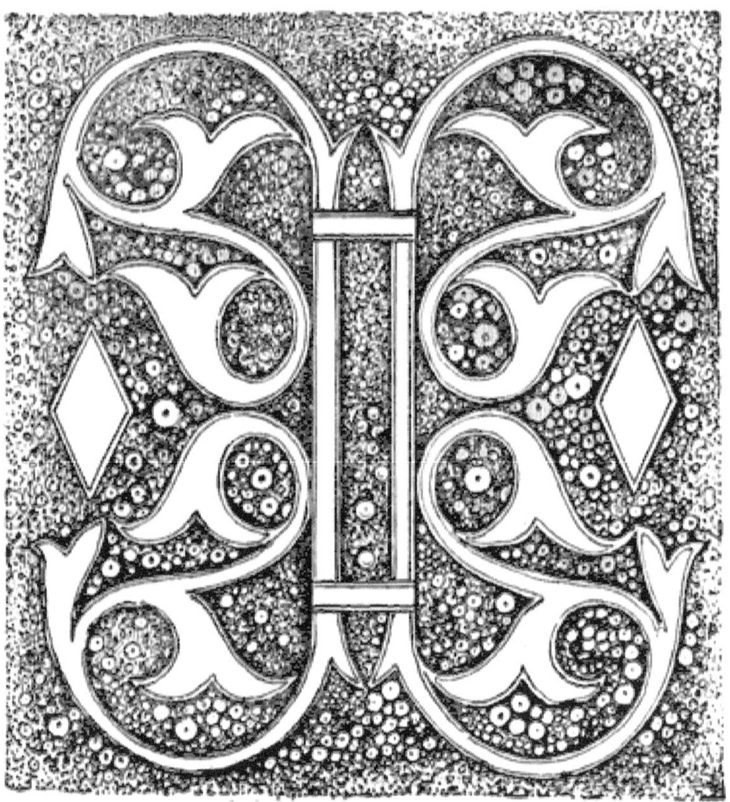

Fig. 27. SOL EN RETRAIT.

DEUXIÈME LEÇON.

COUPER DES RAINURES AVEC UNE GOUGE.

SUPPOSONS maintenant que l'élève ait un morceau de bois de pin lisse, mesurant au moins six pouces sur six et un demi-pouce d'épaisseur, attaché à la table devant lui. Qu'il y trace deux lignes avec un crayon à mine, dans le sens du fil, distantes d'un quart de pouce l'une de l'autre. Puis, prenant une *flûte* ou une gouge de courbe semi-circulaire, également d'un quart de pouce de diamètre, laissez-le couper soigneusement le bois entre les lignes de manière à former une rainure semi-circulaire, fig. 28 *a* . Cela ne doit pas être réalisé en coupant tout le bois en même temps. Il faut d'abord en retirer très peu, de manière à faire une rainure peu profonde, puis celle-ci peut être recoupée jusqu'à ce que l'incision soit parfaite. Tenez fermement le manche de l'outil dans la main droite, le poignet et une partie de l'avant-bras reposant sur le banc ; placez les deux premiers doigts de la main gauche sur la face de la lame à environ un pouce du tranchant, pour diriger et servir de butée pour éviter que l'outil n'avance trop vite. Certains placent le pouce sous la lame, de manière à ce qu'il soit maintenu entre le pouce et les deux premiers doigts.

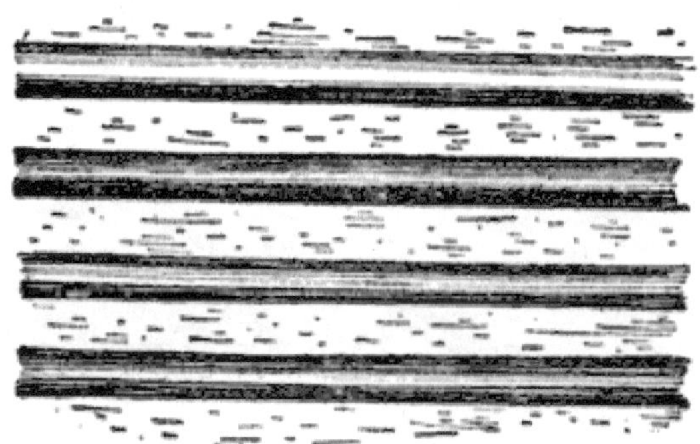

Figure *28a* . RAINURES DROITES.

"Gardez votre esprit sur votre travail : un mouvement imprudent peut faire glisser l'outil et l'endommager." Que chaque coup de burin ou de gouge soit fait et réglé selon un but et un dessein, et non au hasard ou au hasard. Pensez *exactement* à ce que vous souhaitez couper ou avez l'intention de faire, et ne laissez rien à une action involontaire. L'habitude de le faire peut être acquise dès les premières leçons, si vous essayez, et lorsqu'elle est acquise, toute la difficulté réelle de la sculpture est maîtrisée.

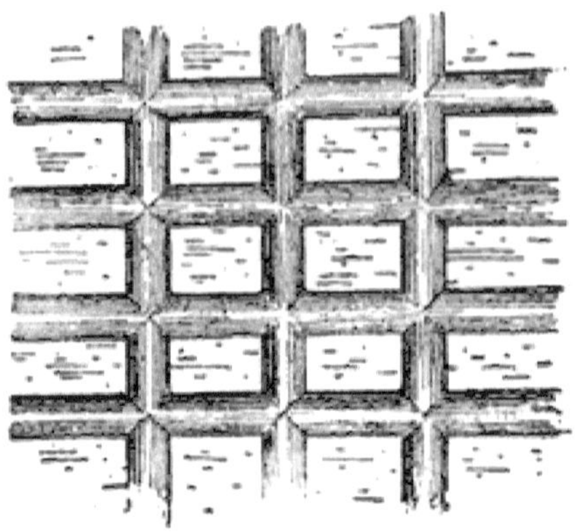

Figure *28b* . RAINURES CROISÉES.

N'essayez jamais de sculpter quoi que ce soit à moins qu'il ne soit fixé à la table. Les élèves qui font cela prennent l'habitude de maintenir le panneau avec la main gauche, et il en résulte que l'outil glisse tôt ou tard et inflige une blessure qui peut être grave. Gardez toujours les deux mains sur l'outil.

Lorsque l'élève aura découpé peut-être vingt rainures droites avec beaucoup de soin avec la gouge, il pourra alors découper des rainures à barres transversales, fig. 28 *b* , puis des rainures courbes comme dans la fig. 29. *une , b , c* .

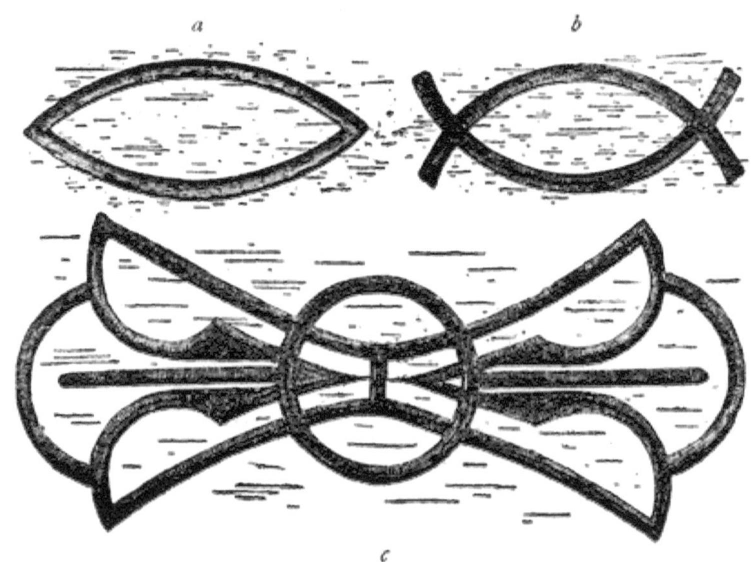

Fig. 29. RAINURES COURBES ET CROISÉES.

Deux sections d'un cercle se coupant ainsi forment, comme on peut le voir, une feuille. Une, deux ou même trois leçons peuvent y être consacrées, *mais que l'élève n'aille pas plus loin jusqu'à ce qu'il sache parfaitement tailler ces rainures* . Il trouvera alors une excellente pratique, à intervalles impairs, pour sculpter des rainures en cercles, en spirales ou sous d'autres formes. La sculpture de rainures peut être considérée comme un dessin au trait, car tout motif qui peut être dessiné en lignes simples peut bien sûr être imité avec une gouge.

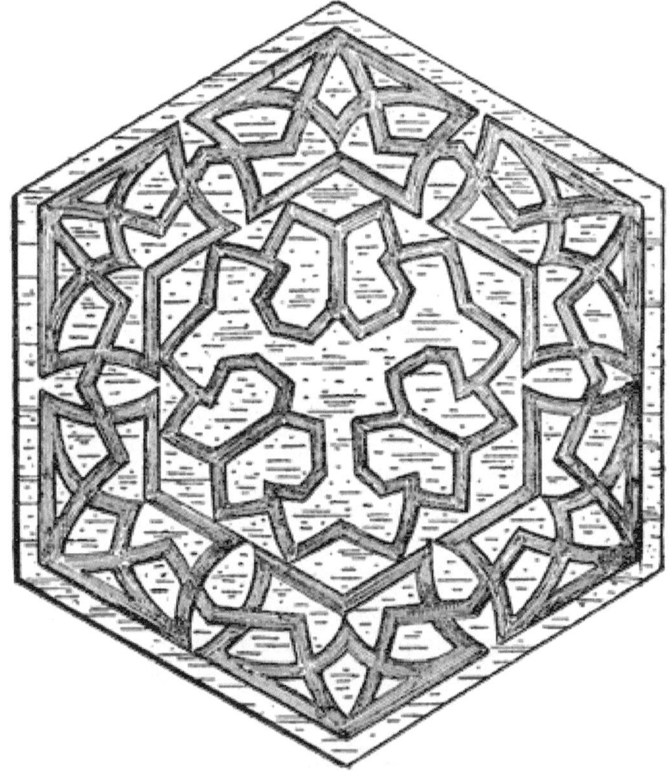

Figure 30.

De très jolis travaux décoratifs peuvent être réalisés par ces seules gougeages, et en fait ils étaient très courants aux XVe et XVIe siècles, comme le montrent des spécimens dans les musées de South Kensington, Munich, Vienne et Salzbourg. Le bois choisi était généralement un pin à grain élevé ou fortement marqué, dont la couleur jaune naturelle était quelque peu rehaussée par la teinture, l'huilage ou l'âge. Le motif, généralement feuillu, était ensuite délimité par une rainure étroite, disons d'un tiers de pouce, et les rainures étaient peintes en noir ou en marron. Cela s'appliquait de nombreuses manières, mais particulièrement aux grandes armoires ou penderies. C'est un travail très rapide et efficace.

Les motifs celtiques ou irlandais (ou runiques), qui ressemblent à des cordes ou des rubans se croisant, peuvent être très bien imités en traçant ces lignes avec une gouge, fig. 30 . Aucun écrivain sur la sculpture sur bois ne semble jamais avoir remarqué quel travail beau, complexe et précieux peut être exécuté de cette manière seule. Ces lignes peuvent être peintes en noir, en couleurs sombres , ou en rouge, de manière à réaliser de fins effets dans des meubles décoratifs ou des frises. On peut remarquer aussi que, une fois découpés, ils peuvent servir à des moules pour le plâtre de Paris, le papier mâché et le cuir. L'élève ferait bien de passer quelques jours à développer un travail de groove simple, qui mérite d'être parfaitement compris. Rares sont ceux qui ne peuvent pas, avec soin, apprendre à très bien découper des rainures avec une gouge après quelques jours de pratique. J'exhorte l'élève à le faire avec aisance avant d'aller plus loin. *Deuxièmement* , qu'il réalise réellement quelle grande quantité de bel ouvrage peut être réalisé avec une seule gouge d'un quart à un tiers de pouce de diamètre ; comme, par exemple, dans les inscriptions, les entrelacs ou tout type de dessin formé de *lignes* ou de cordons, les décorations celtiques, les entrelacs de cordes ou de rubans, etc. L'artiste qui se propose de maîtriser la sculpture pour la décoration générale doit accorder une attention particulière à ce travail simple.

Les débutants en sculpture sont, sans exception, si désireux d'obtenir des ornements ou des feuilles en relief, et de produire une sorte d'œuvre d'art de grande classe, qu'ils négligent le rainurage, la sculpture en courbe ou la coupe à plat, comme ayant très peu d'importance, quand en fait, il serait bien plus avantageux pour eux de le développer au maximum. La grande raison pour laquelle il y a actuellement si peu de décoration de grands espaces dans des panneaux, des volutes ou des meubles, au moyen de la sculpture, est que tous les sculpteurs se consacrent presque exclusivement à des travaux plus ambitieux et ignorent ce qui peut être fait avec quelques outils. par les méthodes les plus simples.

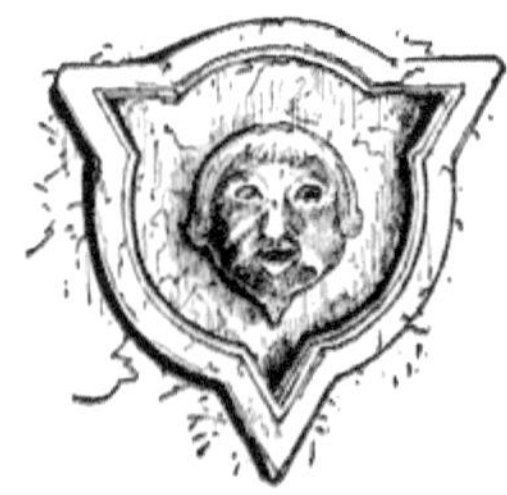

TROISIÈME LEÇON.

MOTIFS PLATS RÉALISÉS AVEC DES COUPES ET DES LIGNES—CAVO RELIEVO OU INTAGLIO RILEVATO (CAVO-CUTTING).

IL existe une sorte facile de sculpture plate ou creuse, si l'on peut l'appeler ainsi, qui s'exécute avec une gouge ou un outil en V, ou un outil plus ferme seul, mais qui produit des motifs plats. Faites le dessin, et comme il doit être exécuté presque entièrement avec des lignes ou des rainures, ou de petits creux, il doit être conçu de telle sorte que les motifs soient bien ajustés ou séparés uniquement par des lignes. De temps en temps, ou ici et là, un petit coin ou un espace ou une cavité plus grand peut être supprimé d'une simple pression sur l'outil, mais en règle générale, il y a peu de travail à faire au-delà de simples lignes. Cependant, comme dans le travail de gougeage de la leçon précédente, bien que n'importe qui puisse apprendre en un jour ou deux à « tracer » les lignes, si de bons modèles sont disponibles, un travail remarquablement beau et précieux peut en être produit. Il s'applique également aux armoires, coffres, panneaux de chaises ou autres types de décoration. Bien entendu, les lignes, ou les creux, ou les excavations peuvent, comme dans tous les cas, être remplis de couleur , fig. 31 .

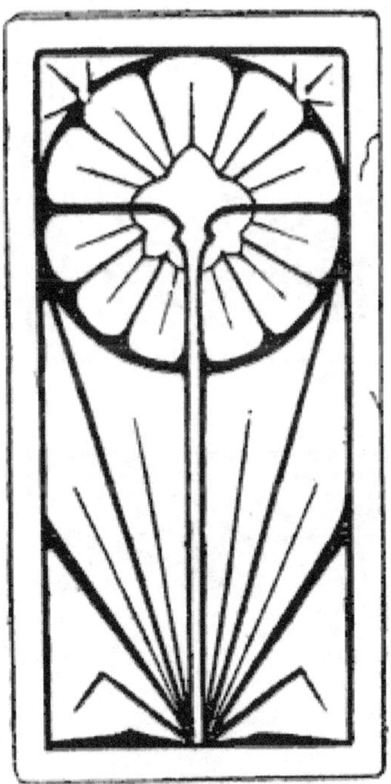

Figure 31.

Ce travail peut souvent être très bien exécuté avec le seul ciseau plus ferme (ou ciseau de sculpteur plat), et il fournira une bonne pratique pour se familiariser avec cet outil très négligé.

Ce genre *de travail de coupe* à plat ou à cavo n'est qu'un petit progrès par rapport au rainurage à la gouge, mais ses résultats peuvent être beaucoup plus artistiques. Il occupe une position entre le rainurage et le découpage du sol. Chacun d'entre eux est aussi séparé que tant d'arts distincts, mais ils mènent l'un à l'autre. 31 - 35 .

Le plus simple pour réaliser ce travail est d'exécuter le motif sur le bois à l'encre de Chine, puis de simplement découper tout le noir. Les lignes dans les feuilles, etc., doivent être tracées très soigneusement avec l'outil V ; tous les creux plus grands doivent être découpés à la gouge. S'il reste de très grands creux, espaces ou fonds, ils doivent être exécutés comme décrit dans la leçon suivante.

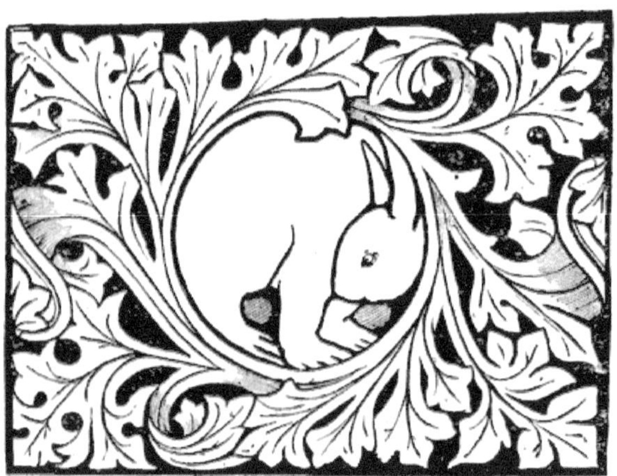

Figure 32.

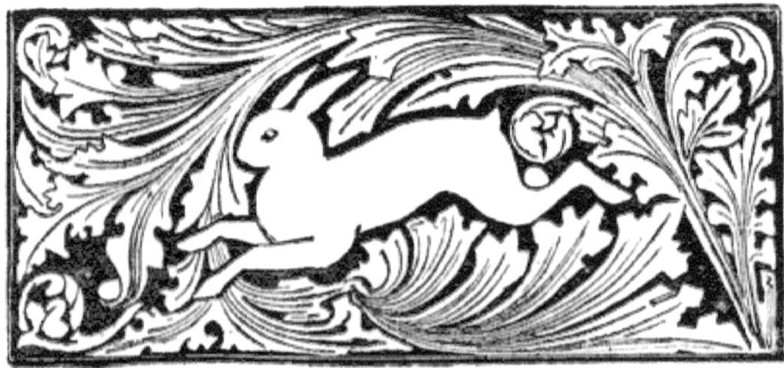

Figure 33.

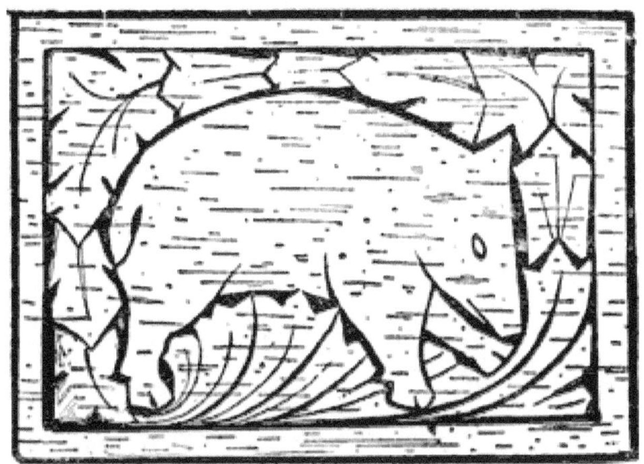

Figure 34.

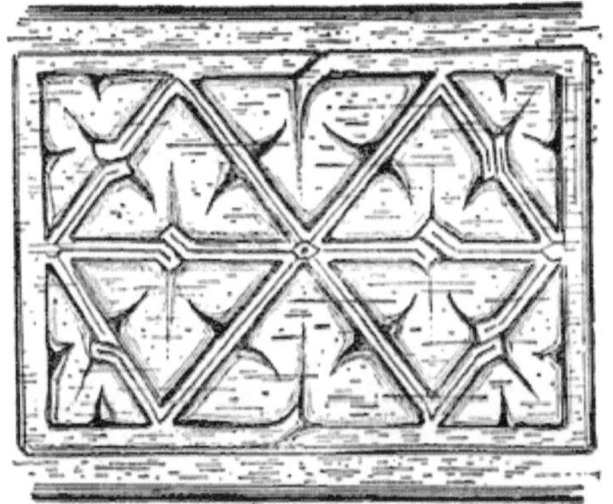

Figure 35.

MODÈLES PLATS.

Observez sur les Figs. 31 à 35 que toute la sculpture se limite à simplement découper les parties indiquées par le fond noir. Les lignes fines peuvent être mieux exécutées avec un outil de séparation ou en V, et dans de nombreux cas avec la plus petite gouge ou veineuse. Bien que cela ne soit pas habituel, c'est une excellente pratique, lorsque cela est possible, d'apprendre à le faire avec un petit *burin* ou un ciseau de sculpteur.

Ces cavo reliefs ou *modèles plats découpés* sont aussi faciles à exécuter que le travail de gougeage pour quiconque a appris ce dernier. Ils ne sont pas encore très étudiés, mais ils sont susceptibles d'une large application dans le grand art décoratif. Les lignes et les cavités sont plus belles lorsqu'elles sont peintes ou teintes. C'est l'étape suivante au-delà du travail de gougeage, qui représente un simple dessin de lignes dans le design et correspond à *l'esquisse* .

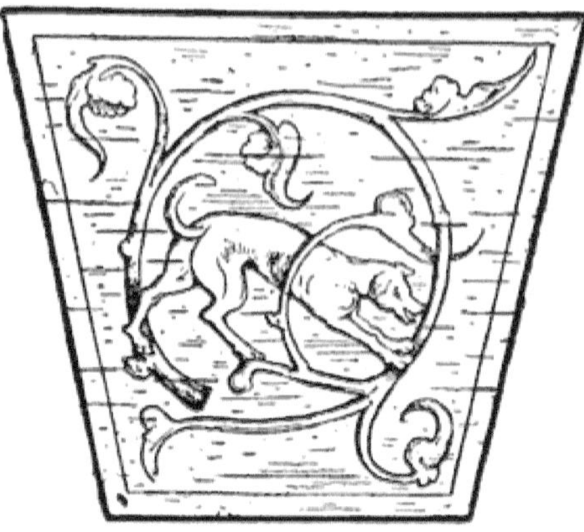

Figure 36.

Le contour ou l'arrondi et le modelé correspondent bien sûr à la lumière et à l'ombre, mais la gouge simple et la découpe au cavo sont de simples *esquisses* . Tout animal ou figure humaine, un vase, des fleurs ou des vignes peuvent être ainsi sculptés, la seule condition supplémentaire étant que les contours soient toujours larges et audacieux. Il faut faire très attention à ne pas tracer trop de lignes, surtout les plus fines, et dans tous les cas à éviter les détails et à rendre le dessin aussi simple que possible. Lorsqu'en dessinant ainsi un animal vous avez clairement indiqué, avec le moins de lignes possible, ce qu'il est censé être, vous en avez fait assez, car dans tout dessin la règle d'or est de donner le plus de représentation avec le moins de travail possible. Figure 36 .

On peut observer que la pratique familière et étendue du travail très facile de gougeage et de simple découpe à plat ou en creux dans les creux, si elle est effectuée à *grande* échelle, comme par exemple dans les modèles de murs et de portes, donne à l'élève de grandes connaissances. plus d'énergie et de confiance, et est plus propice à la sculpture à main levée et à la coupe en balayage, que la méthode habituelle consistant à consacrer beaucoup de temps au début à déchiqueter des feuilles élaborées et à d'autres petits travaux. Il sera donc bon que l'élève se perfectionne dans un travail aussi simple en rainure et en creux. C'était la première étape de la sculpture médiévale , et c'était la bonne étape pour la décoration générale. C'est ainsi que les anciens sculpteurs d'Angleterre et leurs maîtres, les Flamands, enseignaient à leurs élèves.

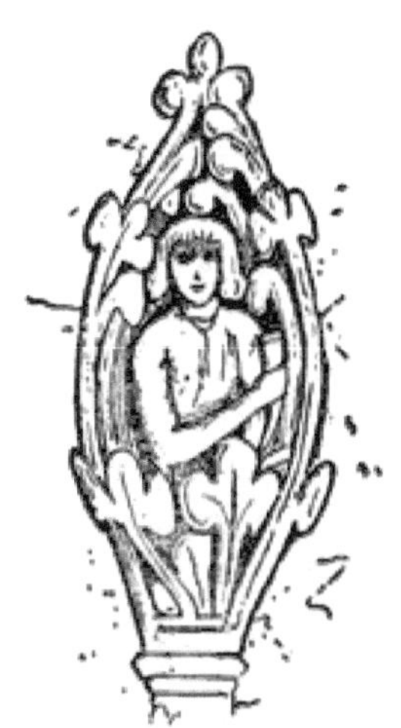

QUATRIÈME LEÇON.

DÉCOUPE D'UN PANNEAU PLAT AVEC MASSE.

LAISSEZ l'élève prendre un panneau et dessiner dessus un motif, fig. 37 *a* . Il doit découper cela dans ce qu'on appelle une sculpture à plat, et parfois un « travail au ruban ». Il commence par *esquisser* ce qui peut être réalisé de différentes manières. I. En prenant une petite *cannelure* ou veineuse, ou une gouge à outils d'un dixième de pouce de diamètre, et en découpant une rainure tout autour du motif juste à l'extérieur de celui-ci, mais avec précision à proximité. Si parfait dans la leçon II . ce sera très facile pour lui. II. Il peut également le faire avec un outil en V ou à tronçonner, mais la gouge est préférable pour un *premier* essai. III. La découpe du contour peut être effectuée en prenant un ciseau *plus ferme* ou un ciseau de sculpteur, d'un tiers de pouce de large, et en le plaçant « de haut en bas » près du motif, mais en l'inclinant vers l'extérieur, donnez-lui un coup avec le maillet pour qu'il s'enfonce. c'est un très petit chemin dans le bois. Ne coupez pas « tout droit de haut en bas », mais de manière à former une berge en pente. IV. Il existe encore une autre méthode, plus difficile et rarement pratiquée , mais qui, si elle est maîtrisée, donne une grande habileté en sculpture. Prenez le ciseau plus ferme ou plat et, en le tenant avec beaucoup de soin, faites-le passer le long du bord, en l'inclinant vers l'extérieur, de manière à couper la ligne avec précision. Grâce à cette méthode, l'ensemble du travail peut être très bien décrit. On ne le recommande pas comme absolument nécessaire lors d'un premier cours, mais il convient de le pratiquer tôt ou tard.

Figure *37a* .

Lorsque le tracé est fait, laissez l'élève prendre une gouge plate (s'il a coupé le trait avec une petite gouge), et raser très soigneusement le bois du sol. Qu'il coupe d'abord très peu à la fois, car son objectif n'est plus de faire quelque chose à montrer, *mais d'apprendre à manier ses outils* . Ne terminez pas toute la coupe d'un seul coup, en laissant le reste intact, mais recommencez progressivement plusieurs fois, jusqu'à ce qu'elle soit presque parfaite. Laissez chaque contact le dire. Retirez le bois à chaque coupe et ne laissez aucun bord ni éclat. Pour bien faire cela, vous devez également toujours surveiller et considérer le grain du bois à l'endroit particulier sur lequel vous travaillez ; il est assez facile de voir si vous coupez dans le sens du fil, ou dans le sens du fil ; mais c'est quelque chose au-delà de cela qu'il faut considérer. Il est invariable que tout bois, qu'il soit coupé dans le sens du fil ou partiellement dans le sens du fil, s'avère mieux travailler, plus lisse et avec moins tendance à se briser soit dans l'un soit dans l'autre sens, c'est-à-dire lorsqu'il est coupé dans le sens du fil. de droite à gauche, ou inversement, de gauche à droite. La direction requise dans laquelle il coupera le plus doucement est à la fois indiquée par le comportement du bois lui-même et la qualité des résultats ; par conséquent, si l'ouvrage ou la surface présente une tendance à se briser, coupez-le si possible dans la direction opposée et retournez l'ouvrage sur l'établi si cela est nécessaire pour vous permettre de le faire, c'est-à-dire si vous ne pouvez pas utiliser l'outil. dans les deux mains. Attention surtout à laisser les mains travailler mécaniquement. *Pensez* à ce que vous faites. En apprenant à couper proprement et à plat, vous faites le premier pas vers le « *balayage* » qui viendra ensuite et qui demande à la fois délibération et dextérité.

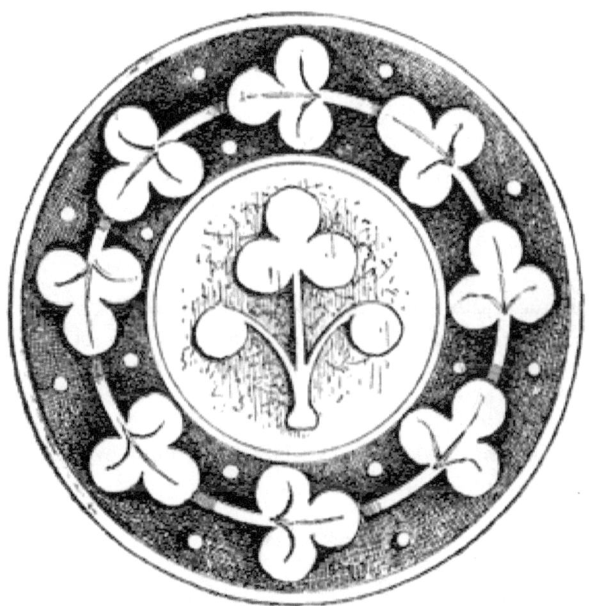

Figure *37b* .

Lorsque tout est joliment et soigneusement découpé, prenez une gouge extra plate et nettoyez « le sol », en éliminant toute trace d'irrégularité. Prenez ensuite un clou rond ou un passe-fils, et avec le maillet remplissez le sol de petits trous de manière à faire une surface rugueuse ; ou vous pouvez utiliser l'un des *tampons* pour cela. Cela nécessite des précautions afin que la forme du tampon ne soit pas apparente. Il est conseillé de tailler avec un petit ciseau très pointu, et avec beaucoup de soin, le bord du motif. Pour cette leçon, il sera préférable de ne pas couper plus d'un quart de pouce pour former le sol.

Si le contour est fait au ciseau et au maillet, avant de couper le sol, repasser le contour et couper à une petite distance du trait déjà coupé vers lui, de manière à enlever le bois et former une rainure en V, comme on creuse avec une bêche.

Les enseignants ou les élèves sont priés de se rappeler que le seul objet de cette leçon est d'apprendre à manipuler et à gérer les outils ; c'est-à-dire se familiariser avec eux et apprendre à *travailler* le terrain avec habileté et confiance. Pour ce faire, *il convient de s'entraîner occasionnellement sur des morceaux de déchets de bois* . Par conséquent , il est vivement conseillé à aucun débutant d'aller plus loin que le travail décrit dans cette leçon jusqu'à ce qu'il soit capable de l'exécuter avec précision et facilité. Lorsque cela est acquis, tout ce qui reste à faire est facile.

La raison pour laquelle l'outil de séparation ou en V n'est pas particulièrement recommandé aux *débutants* pour tracer des contours est qu'il est le plus difficile à affûter de tous les outils d'usage courant. La petite gouge répond à tous les besoins du travail en cours.

Pour récapituler, nous avons d'abord la découpe entre les contours du motif : si le panneau a un demi-pouce d'épaisseur, il ne doit pas avoir plus d'un quart de pouce de profondeur. Coupez d'abord très légèrement le tout, puis recommencez encore et encore. Ne creusez pas et ne coupez pas tout un quart de pouce au même endroit à la fois, laissant le reste intact. Si vous procédez ainsi, vous serez amené à couper trop profondément à certains endroits. Lorsque le dur travail est effectivement exécuté et que presque tout le bois est grossièrement coupé, on dit que l'ouvrage est *bosté* ou esquissé, mot censé dériver du français *ébauché* ou de l'italien *abozzo* , signifiant la même chose.

Après avoir coupé la figure 37a , la pupille peut passer à 37b , qui est simplement une amplification de celle-ci .

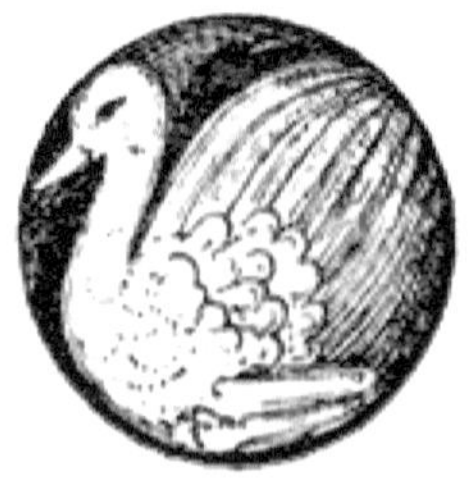

CINQUIÈME LEÇON.

COUPE DE FEUILLES SIMPLES - SCULPTURE AVEC LA MAIN
GAUCHE - MODÉLISATION OU ARRONDI - MOTIFS OMBRÉS
ET MODÉLISATION - PROGRÈS VERS LE RELIEF.

IL sera très avantageux pour l'élève de s'entraîner avec la main *gauche* aussi bien qu'avec la main droite. Plus il est jeune, plus il lui sera facile de prendre cette habitude. Un outil de sculpture est affûté des deux côtés parce que le bord ainsi fabriqué permet à l'artiste de couper dans de nombreuses positions sans tourner le bois, et lorsqu'il peut utiliser ses deux mains , il bénéficie du même avantage dans une plus grande mesure. Essayez donc d'acquérir une parfaite maîtrise des outils, de manière à couper à deux mains, et dans plusieurs directions et manières, en prenant toujours le plus grand soin, cependant, de ne pas tourner la pointe vers vous-même, de peur qu'un objet imprudent ne vous échappe. le glissement devrait produire une blessure. Lorsque vous pouvez *couper* en toute confiance et que vous ne comptez en aucune circonstance sur le fendage, le creusement, le soulèvement, le « tortillement » ou le balancement avec la gouge pour enlever le bois, vous pouvez alors savoir à l'avance ce que vous êtes sur le point de faire. Pour acquérir cette compétence, vous devez vous entraîner fréquemment à couper des déchets de bois et ne pas consacrer tout votre temps à un travail parfaitement fini.

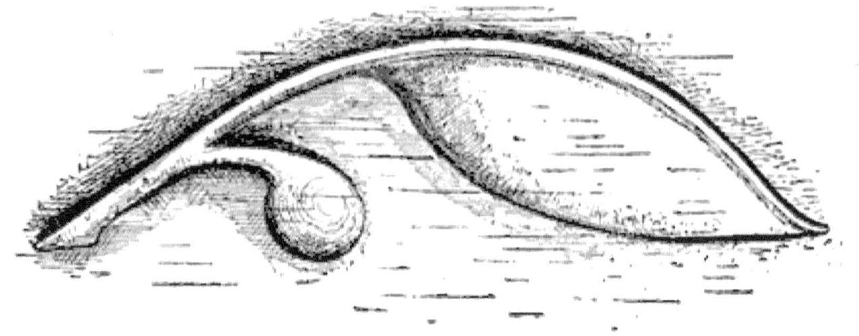

Figure 38.

L'élève a été instruit dans la Leçon IV . comment découper le sol d'un panneau plat en laissant le motif en relief. De très beaux motifs peuvent être exécutés avec très peu de finition ; et une grande partie des belles sculptures sur bois gothiques anciennes dépendaient bien plus du contour que du modelé pour leur effet. Le modelage consiste à arrondir ou à façonner un motif pour lui donner une forme. Or *les feuilles*, sous une forme ou une autre, plus ou moins naturelles, forment une grande proportion de tous les motifs décoratifs. Lorsqu'ils sont simplifiés à partir du type original et rendus simplement ornementaux, tout en préservant tellement la forme originale que nous pouvons clairement voir ce qu'était ce type, on dit qu'ils sont « conventionnels ». Il est donc très important que le sculpteur sur bois sache bien sculpter les feuilles. Il a déjà appris à tracer le contour ou la rainure simple d'un ou de plusieurs avec une gouge, et à enlever le bois qui les entoure. Il peut maintenant aller plus loin et découper avec beaucoup de soin le motif élémentaire, fig. 38 . Utilisez une gouge plate pour arrondir et sculpter progressivement la surface, en commençant par le bord extérieur ou inférieur, et en remontant jusqu'à la tige. L'élève recommencera cette opération, et avec beaucoup plus de confiance et de facilité, s'il commence d'abord par faire une copie ombragée d'une feuille au crayon, puis la modèle avec de l'argile, et enfin en la copiant sur du bois. Le temps ainsi passé sera en fin de compte gagné plusieurs fois grâce à l'habileté, à la dextérité et à l'entraînement oculaire acquis.

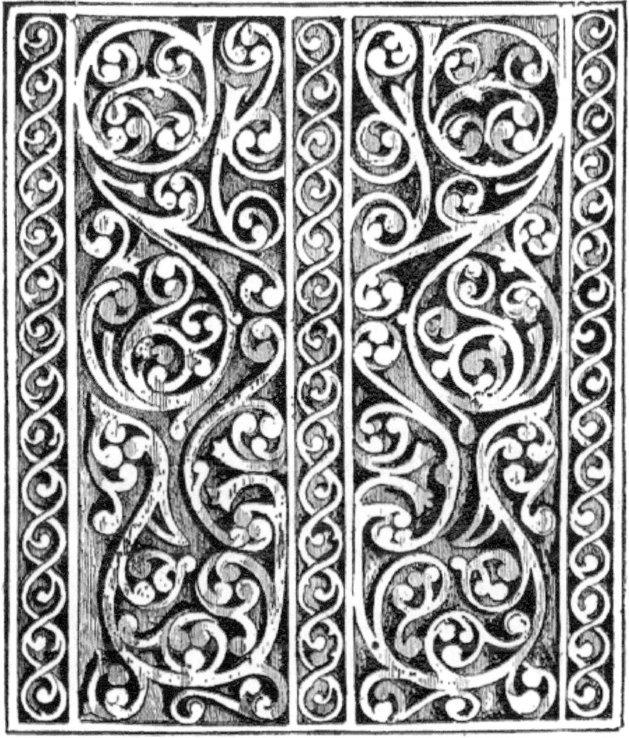

PANNEAU EN BAS-RELIEF

La première étape de l'arrondi d'une feuille s'effectue simplement en la « gaspillant » ou en l'écaillant petit à petit par une simple coupe. Il en est de même pour les convexités et les creux. De tels arrondis et ondulations sont réalisés par des artistes qualifiés avec très peu d'outils, notamment des gouges, des ciseaux obliques, des râpes, des limes et la gouge à double courbure.

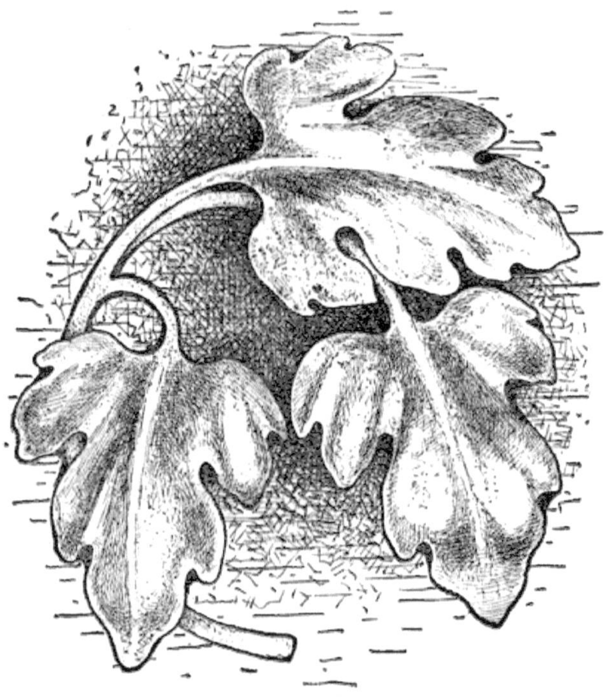

Figure 39.

L'étudiant peut, au début, arrondir et ramasser ses feuilles avec tous les outils qui lui semblent appropriés, à condition qu'il coupe avec la plus grande prudence et qu'il garde les outils bien affûtés. Une partie très importante et plutôt difficile de ce travail consiste à couper les côtes ou les tiges qui traversent la feuille. Un outil à cet effet est ce que l'on appelle « l'outil à macaronis », mais à l'heure actuelle, il est vraiment très peu utilisé, en raison de la grande difficulté à le maintenir affûté et de son risque de se briser. Presque tous les veinages peuvent être exécutés à la flûte ou au grand veineur, à la gouge creuse, à l'outil en V ou à la gouge plate, selon les circonstances.

« Le bois », comme le remarque Eleanor Rowe, « doit être enlevé par touches courtes et nettes, et non par des coupes profondes et longues, et aucune tentative ne doit être faite pour obtenir une surface lisse tant que la forme et le modelé général de la feuille n'ont pas été définis. fait." Le bord de la feuille peut être un peu sous-dépouillé pour donner du relief ; cet effet doit être donné par un outil en V ou un petit veineur. Lorsque la forme de la feuille est correcte, procéder à des gouges plates pour éliminer les marques d'outil, en tenant l'outil très fermement et en l'inclinant à un angle d'environ 45°.

Il convient au débutant de couper avec beaucoup de soin plusieurs feuilles simples, fig. 39 , et, si possible, de le laisser dessiner, ombrer soigneusement et modeler le tout dans l'argile avant de les sculpter. Il sera étonné de constater combien ce dernier processus est plus facile et avec quelle confiance il peut être exécuté une fois les deux premiers exécutés. Ayant eu pendant plusieurs années sous ma direction de grands cours de sculpture sur bois, avec ou sans modelage en terre cuite, je parle d'expérience à ce sujet.

Il faut remarquer que, comme les feuilles et les gerbes comportent toutes les courbes possibles, celui qui sait bien les concevoir, les modeler et les sculpter, n'aura aucune difficulté à exécuter des oiseaux, des animaux, ou le visage ou la figure humaine. Dans leurs formes les plus simples, ou en travail à plat, tout cela est extrêmement facile. Ensuite, ils peuvent être un peu arrondis, ou modelés, et ainsi, étape par étape, le sculpteur peut arriver à un relief complet. Les feuilles de chêne sont peut-être les objets les plus gracieux et se prêtent à autant de formes que l'acanthe, mais elles sont aussi très difficiles dans leurs développements plus avancés. Ils constituent donc un admirable sujet d'étude.

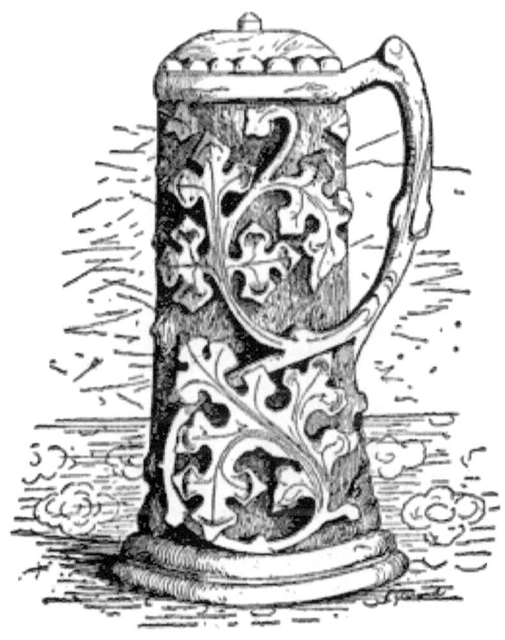

SIXIÈME LEÇON.

COUPER AVEC LE GRAIN, TOURNER L'OUTIL, LA PERCEUSE, SCULPTURE AUDACIEUX ET GRANDS TRAVAUX.

DANS les grandes comme dans les petites sculptures, il existe une difficulté commune, la résistance fréquente du grain du bois et les défauts qui y sont liés. Cette question a déjà été abordée dans la quatrième leçon, où l'on a dit à l'élève qu'il trouverait généralement le bois coupé plus facilement d'un côté vers l'autre. A cela on peut ajouter qu'à mesure qu'il progresse et sculpte avec un relief plus élevé , il trouvera non seulement la même chose dans le travail des feuilles et autres ornements, mais il constatera également que certaines parties de ceux-ci seront toujours mieux coupées, plus douces et sans éclatement, lorsque l'outil coupe vers le bas, c'est-à-dire de la surface vers le fond, mais avec d'autres portions bien adjacentes lorsque l'outil est amené à couper dans le sens inverse ou vers le haut. En première règle donc, dès qu'il y a le moindre signe d'éclatement, essayez la coupe dans une direction opposée pour l'enlever, et elle devrait cesser.

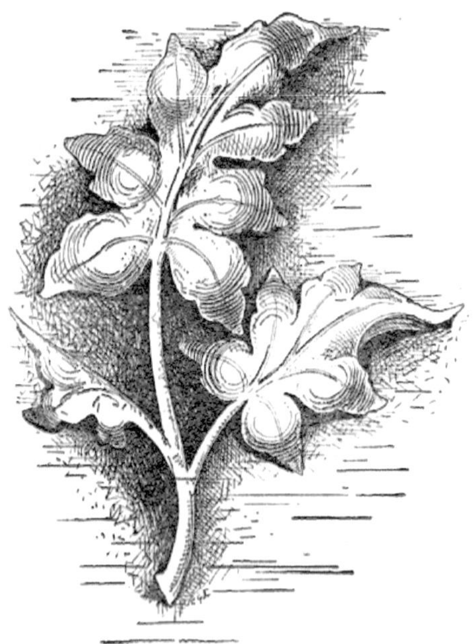

Figure 40.

De plus, si le bord de la gouge ou plus ferme coupe dans certaines directions *contre* le grain du bois, il « s'accrochera », se déchirera ou se brisera. Comme autre précaution contre cela, le sculpteur peut déplacer la position du bois en le dévissant, s'il est maintenu par une pince ou un support. Cela se fait plus facilement s'il n'a, à la manière française, que trois ou quatre clous enfoncés dans la table, auquel cas il n'a qu'à ramasser son ouvrage et à le mettre dans une position différente ; ou il peut changer de position. Mais le mieux est de pouvoir tailler à deux mains, un exploit qui, après tout, n'est pas difficile à acquérir, et qui s'obtient très vite avec un peu d'habitude ; et maîtriser l'art de *tourner l'outil et de couper dans n'importe quelle position* , ce qui vient aussi avec la pratique dans une mesure incroyable. Celui qui sait faire cela peut, dans la plupart des cas, couper dans le sens du fil sans déplacer le bloc.

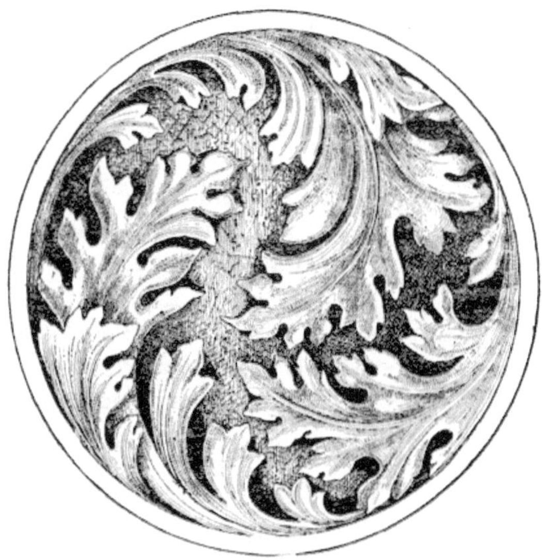

Figure 41.

Le bois ne doit *jamais* être déchiré ou déchiré ; tout doit être fait par une coupe nette et lisse. Pour vous en assurer, vous devez tout d'abord garder chaque outil aussi affûté qu'un rasoir à tout moment et toujours couper dans le sens du grain. Couper en diagonale, ou partiellement transversalement, consiste toujours à couper dans le sens du fil, ce qui est plus facile et plus sûr que de le suivre parallèlement.

Marquez le motif, fig. 40 ou 41 et décrivez-le. Les ouvriers grecs et romains, et très souvent ceux des temps plus récents mais plus anciens, à l'aide d'une vrille, d'une perceuse ou d' une mèche à centrer , perçaient des trous ici et là, tant dans la sculpture sur bois que dans la pierre, et travaillaient jusqu'à, ou autour de ceux-ci. Ils formaient pour ainsi dire des débuts pour guider la gouge ou le ciseau. Ceux-ci étaient souvent d'une grande utilité pratique partout où se trouvait une petite cavité ronde, mais leur utilisation principale dans le bois était d'aider et de diriger l'outil dans certains endroits où il y avait des difficultés de grain à traiter, ou des pointes ou des coins pointus d'ornements susceptibles d'être touchés. rompu. J'étais autrefois perplexe de savoir pourquoi la perceuse était tellement plus utilisée dans la sculpture ancienne que dans la sculpture moderne, mais la réflexion m'a convaincu que là où un travail décoratif doit être fait rapidement ou à moindre coût, et qu'un peu de grossièreté d'exécution ne signifie pas, c'était un très bon travail. grande aide.

Dans le motif de la figure 38 , la feuille est facile à couper ; c'est-à-dire une seule feuille. Le couper une fois de plus, ou le répéter, ne fait que refaire le même travail ; cependant, si cette même feuille, ou une autre pas un peu plus difficile, est répétée vingt-cinq ou trente fois en couronne, cela semblera être un travail très difficile. Maintenant, il est important de comprendre que si vous pouvez très bien réaliser une très petite et simple pièce de sculpture sur bois, vous pouvez également, par simple patience et répétition, exécuter une œuvre qui semblerait très remarquable, ou bien au-delà de votre pouvoir. L'illustration de cette leçon, Fig. 40 , montre ce que je veux dire. Presque n'importe qui avec soin pourrait découper une feuille, et celui qui l'a fait peut la *répéter* dans n'importe quel autre arrangement. Or, une grande proportion de tous les motifs décoratifs en aplat ou en ruban, et même en relief plus élevé, sont formés sur ce principe de répétition, ou de ce qu'on appelle « lobes », de sorte que celui qui peut sculpter ne serait-ce qu'un peu proprement puisse être confiant presque dès le début de sa capacité à exécuter un travail même précieux.

Un panneau tel que la figure 41 , une fois sculpté, peut servir pour le couvercle ou les côtés d'une boîte, la couverture d'un album ou tout objet ayant une surface lisse et plate. Mais je ne saurais trop répéter cette injonction de s'entraîner constamment à couper les déchets de bois, de manière à acquérir la facilité de la main, avant de tenter tout ce qui doit être montré ou vendu. Il est malheureusement vrai que, livré à lui-même, il n'y a pas un élève sur mille qui ne consacrerait tout son temps ou son travail à réaliser des pièces maîtresses, même au premier montage, au lieu de s'entraîner pour apprendre à les produire.

Lorsque les élèves ont des enseignants qui sont pratiques et compétents, il est probable que dès qu'ils seront capables de manier les outils, ils se lanceront dans un *travail audacieux et de grande envergure* . C'est une chance pour eux, car c'est le plus grand avantage que l'on puisse avoir, que ce soit dans le dessin, le modelage, la sculpture sur bois ou tout autre art du genre, de se familiariser avec une exécution à main levée, large et vigoureuse.

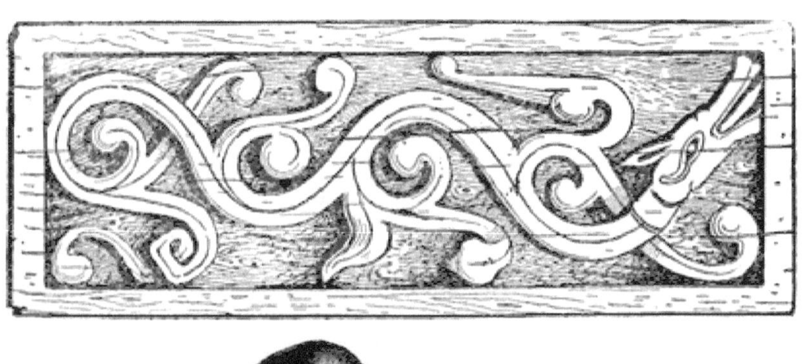

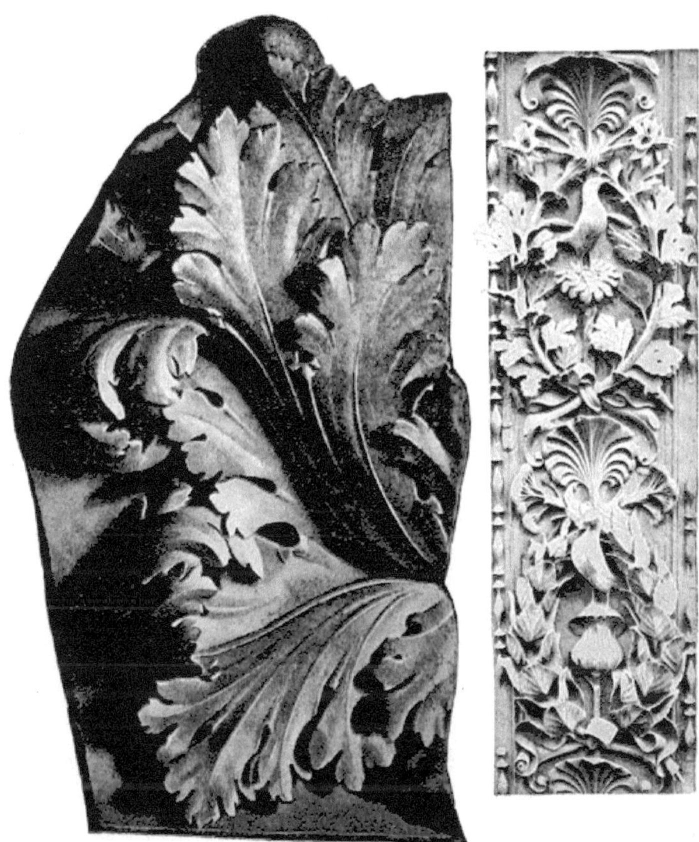

ÉTUDES HAUTEMENT FINIES DU FEUILLAGE. *P. 48*

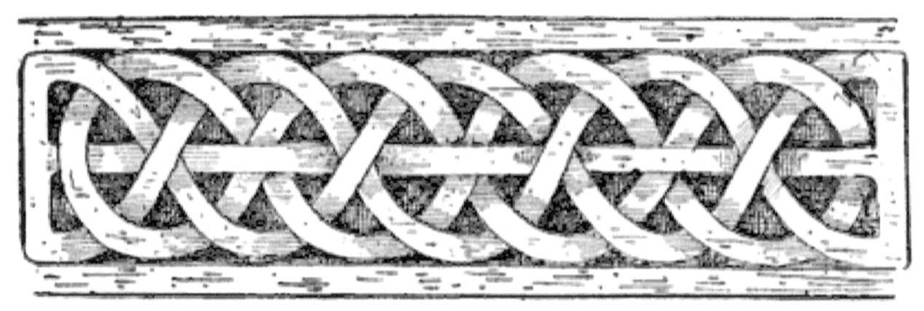

SEPTIÈME LEÇON.

LA COUPE PAR BALAYAGE OU LA SCULPTURE À MAIN LIBRE—ENCOCHES DE COUPE DANS LES FEUILLES—LA COUPE RONDE.

L'AUDACE dans la coupe est une question de très grande importance, car personne ne peut vraiment bien sculpter avant d'avoir dépassé le stade de l'écaillage ou du « gaspillage ». Pour sculpter avec audace, nous devons utiliser la coupe en balayage. On peut remarquer que dans le modelage en argile, il existe certaines méthodes de façonnage de la matière qui sont tout à fait particulières ; comme, par exemple, lorsque nous appuyons sur l'outil de modélisation vers le bas ou vers le haut et que nous le tournons en même temps vers la gauche ou la droite. Cela crée une inclinaison vers le haut ou une dépression vers le bas, mais en pente d'un côté ou de l'autre. Il se fait par deux mouvements en un ; ainsi , en coupant avec une épée ou un long couteau, si nous hachons tout en *tirant la lame* au même instant , le résultat est une incision beaucoup plus profonde. C'est ce qu'on appelle le tirage, et grâce à lui, un homme peut couper un mouton en deux, ou couper un mouchoir ou un voile de dentelle jeté en l'air.

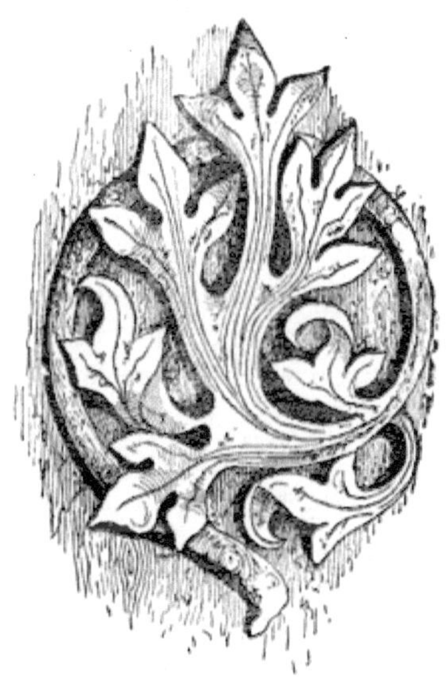

Figure 42.

balayage est très semblable à celui-ci , qui doit être acquis par tous ceux qui veulent apprendre à bien sculpter les feuilles. Il n'est pas tout à fait vrai que tout travail doit passer par les trois étapes du blocage, du renforcement et de la finition ; car lorsque les feuilles sont sculptées au balayage, elles sont généralement terminées en une seule opération. Avec cette coupe, qui est habituellement effectuée avec une gouge plate, le bois est enlevé de manière à lui donner une forme ou une courbe particulière, comme lorsqu'une feuille s'incline vers le bas et sur le côté, par un mouvement unique mais composé ; c'est-à-dire qu'il faut, tout en appuyant sur le bord, le déplacer également ou lui donner un léger mouvement latéral. Ce balayage ou coupe latérale se développe plus complètement dans les surfaces inclinées plus grandes et particulièrement arrondies, comme des feuilles entières, qui montent et descendent, ou ondulent, Fig. 41 , 42 . Cette coupe, au moyen de laquelle on peut tailler en toute confiance les bois les plus cassants et les plus difficiles, nécessite un outil de très bonne qualité, qui doit être scrupuleusement affûté. Il faut le pratiquer sur des déchets de bois jusqu'à ce que l'élève en soit maître, mais une fois acquis, la sculpture sur bois, en ce qui concerne tout travail important et efficace, ne présente réellement plus de difficultés. Chez certains, cela semble venir d'un seul coup, par inspiration.

La forme la plus simple ou la première de la coupe en balayage se produit lors de la fabrication des feuilles. Tous ceux qui ont essayé cela savent que tailler des encoches ou faire des lobes dans le bois, mais surtout façonner les pointes, est une affaire difficile, car si l'on pousse ou presse simplement le bord de la fraise, comme dans un travail ordinaire ou *plan* , la feuille se brisera probablement, surtout si le bois est « fendu », inégal ou cassant. Après avoir tracé un cercle comprenant les lobes de la feuille, on pratique une entaille à mi-chemin entre les points proposés, et en rasant d'abord d'un côté puis de l'autre, on donne forme à la feuille ou à ses lobes, fig. 43 . Bien sûr, ce faisant, nous avons coupé *de* la pointe vers les coins.

Pour le moment, il suffira de l'appliquer sous sa forme la plus simple et la plus facile à couper des groupes de feuilles. Dans la leçon précédente, on a expliqué à l'élève comment découper une seule feuille unie en relief simplement en « gaspillant » ou en ébréchant le bois petit à petit avec une gouge plate. De la même manière, il peut être limé, ou râpé, ou gratté comme du métal, pour lui donner forme. Laissez maintenant l'élève dessiner la figure 43 , puis dessinez -la en la découpant et en la débarrassant comme nous l'avons déjà décrit.

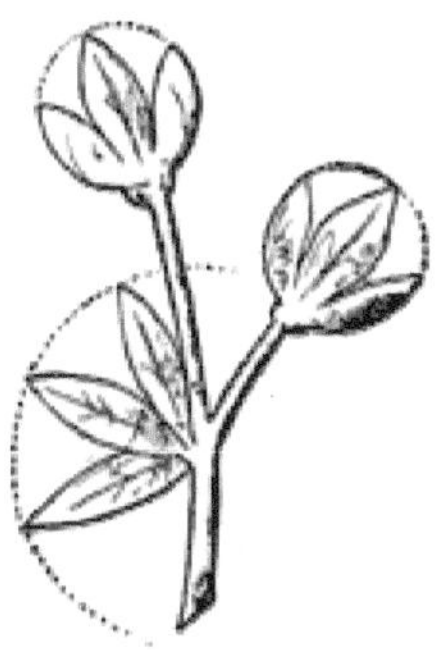

Figure 43.

Les lignes pointillées indiquent la forme originale ou les cercles dans lesquels les feuilles sont découpées. Quand tout est « terminé sauf la finition », ou bosted , coupez les encoches vers l'envers de la manière déjà décrite. Et, comme je l'ai dit, si l'élève a pratiqué le balayage et garde sa gouge plate parfaitement aiguisée, il peut couper les entailles les plus fines dans les plus petites feuilles du bois le plus fendu sans en casser un seul morceau.

Le balayage donne une parfaite confiance, et celui qui l'a acquis et sait l'appliquer de manière à faire n'importe quelle courbe, bosse ou involution qui lui plaît, peut dire qu'il est passé du stade d'amateur à celui d'artiste. , ou du moins de l'ouvrier intelligent. Grâce à lui, on peut modeler le bois le plus réfractaire dans n'importe quelle forme, et pour quiconque est expert en la matière , le chêne est aussi facile à sculpter que le pin. L'élève ne doit donc ménager aucune peine pour l'acquérir ; et cela viendra peut-être plus tôt qu'il ne l'espère s'il prend d'abord la peine de comprendre de quoi il s'agit réellement, et ensuite de le pratiquer pendant quelques heures sur des déchets de bois. Il existe cependant de nombreux sculpteurs qui passent des mois ou des années à « gaspiller » du bois par simple coupe droite ou déchiquetage avant d'avoir la moindre idée de ce qu'est une coupe en balayage - si tant est qu'ils l'apprennent jamais. Mais si l'élève a acquis au préalable l'habileté, c'est-à-dire l'aisance et l'aisance à tracer des lignes de gouge et à tailler des creux et à façonner des feuilles simples par coupe droite, il constatera sans doute que la coupe à main levée vient comme par inspiration.

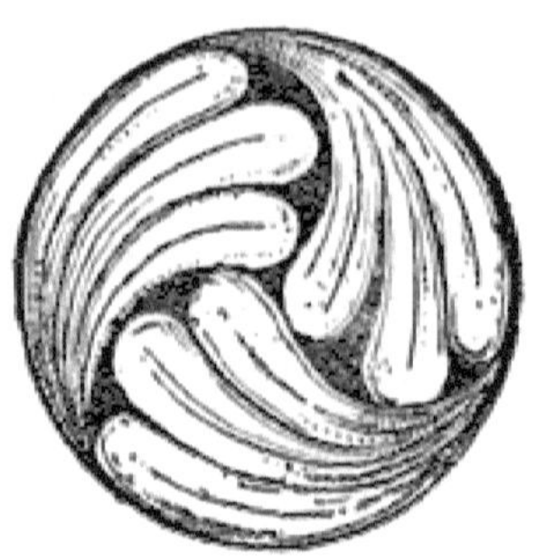

HUITIÈME LEÇON.

APPLICATION SUPPLÉMENTAIRE DE LA COUPE EN BALAYAGE À UN RELIEF PLUS ÉLEVÉ.

LORSQU'UNE feuille est dans son état naturel ordinaire, elle est généralement plate, mais lorsqu'elle grandit ou se fane, elle s'enroule et se tord souvent pour prendre des formes remarquables et gracieuses, qui sont largement utilisées en décoration. Avant d'aller plus loin , je voudrais faire comprendre à l'étudiant intelligent que la simple imitation littérale de n'importe quel type de feuille, de sorte qu'elle ressemblerait exactement à une *vraie* feuille si elle était seulement colorée , ne devrait rarement ou jamais entrer dans le domaine de la sculpture sur bois. comme art décoratif général.

Ce que l'élève doit faire en copiant des feuilles et des fleurs, etc., ou en les modelant pour les sculpter, c'est d'observer leur forme et leur contour caractéristiques, de suivre toutes leurs lignes et courbures gracieuses, leurs dépressions et leurs renflements, et de donner l'expression et l'esprit généraux. de ceux-ci sans s'efforcer *trop* précisément d'en faire une simple feuille. Il ne devrait pas le rendre si fin qu'il se briserait sous un léger coup. Une grande partie des œuvres les plus admirées de nos jours sont de ce genre, qui supportent difficilement le dépoussiérage. Une feuille peut toujours être coupée, comme nous le voyons dans les travaux classiques et anciens, si solidement et fermement qu'elle résiste à l'usure des siècles. Comme personne n'est censé croire qu'il s'agit d'une vraie feuille lorsqu'elle est visiblement découpée dans du bois ou de la pierre, autant la conventionner (c'est-à-dire ne conserver qu'une ressemblance générale avec une feuille), et la rendre attrayante par la grâce et combinaison savante . Et cela peut être fait si seulement nous découpons la feuille dans sa forme *générale* et si nous lui laissons une base solide sur laquelle elle puisse reposer, afin qu'elle puisse être époussetée ou frottée en toute sécurité. L'étudiant devrait essayer de comprendre cela, car cela lui permettra de réaliser tous les effets nécessaires dans les travaux décoratifs et lui évitera bien des petits travaux inutiles .

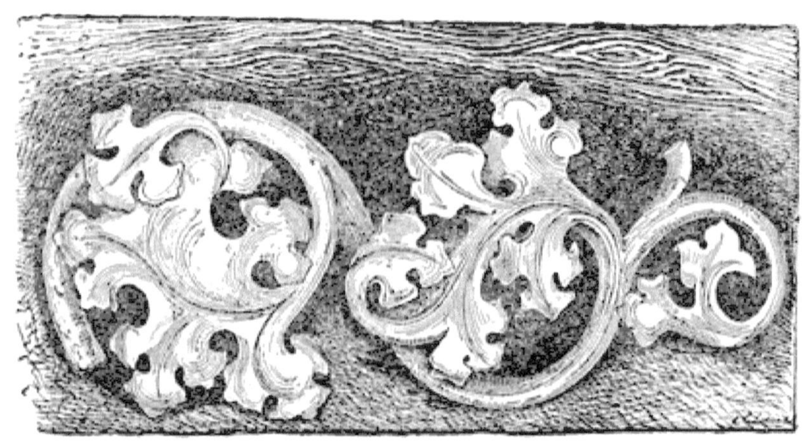

Figure 44.

Si l'élève a pratiqué le balayage et peut travailler avec confiance dans n'importe quelle direction, avec les deux mains, il peut maintenant essayer des feuilles de chêne dans lesquelles il y a des pentes, des cavités et des renflements variés, fig. 44 et 45 . Ceux-ci semblent avoir été les sujets favoris des anciens modeleurs et sculpteurs. La meilleure conception de ce type qui existe est peut-être celle d'Adam Kraft, à Nuremberg. Je répète ici que plus une feuille est difficile et variée, plus il est nécessaire pour l'élève de la modeler dans l'argile, ou du moins de la dessiner et de l'ombrer soigneusement, avant de commencer. La raison en est que, ayant ses points principaux en mémoire, il est beaucoup plus facile de les reproduire en coupant du bois ; nous savons alors quand et où tourner la main ou l'outil. Et il est bon de garder à l'esprit que ces esquisses et ombrages pratiques et nécessairement précis, bien que souvent hâtifs, de l'atelier se développent très rapidement chez l'élève, de sorte que, poussé à cela, il apprend à faire de tels dessins avec plus de rapidité et de vigueur. qu'il ne le ferait dans une école ou une classe.

Lors de la coupe en balayage, il est nécessaire *d'obtenir le virage* ou le mouvement qui dirige la gouge dans le bon itinéraire. Lors d'une coupe ordinaire, nous poussons seulement la lame vers l'avant ; dans le balayage, il y a un « tirage » ou un mouvement latéral ainsi qu'une poussée. Mais le *virage* ou direction constitue, pour ainsi dire, un troisième mouvement, et celui-ci est le plus difficile à déterminer. Pour obtenir un certain virage ou courbe symétrique, nous coupons *sans voir*, alors que dans la coupe ou le « gaspillage » ordinaire, nous voyons clairement ce que nous allons couper et l'enlevons en toute confiance. Mais avec un peu de pratique sur les déchets de bois, le balayage ou l'étirage deviendra si familier qu'on pourra exécuter les courbes les plus difficiles, non pas en ébréchant, mais par un balayage audacieux. Les amateurs qui ont appris eux-mêmes ne peuvent généralement couper ou ébrécher que des lignes simples ; ils ne peuvent pas tourner ou courber une feuille d'un seul coup. Le mouvement combiné donné à l'outil lors de la réalisation de la coupe en balayage peut ainsi être analysé, et si les trois forces distinctes appliquées à l'outil sont d'abord comprises puis gardées à l'esprit lors de la réalisation de telles coupes, le succès en résultera rapidement et facilement. Supposons que nous soyons occupés à la surface d'une feuille qui s'incline généralement vers le bas et sur un côté, mais qui présente également une élévation ou un monticule quelque part au cours de la pente, et que la plupart des feuilles présentent une ou plusieurs de ces ondulations. Avec la gouge, droite ou courbée, saisie fermement dans la main droite, et les deux doigts de la main gauche appuyés sur la surface *et le côté* de la lame à environ un pouce du tranchant - position déjà décrite : l'outil est poussé droit. en avant sur toute la longueur de la coupe par la main droite ; en même temps la lame est poussée vers la droite ou tirée vers la gauche par les deux doigts de la main gauche dans la mesure et selon la mesure où la pente peut se déplacer vers la droite ou vers la gauche ; et troisièmement, le poignet droit est élevé ou abaissé pour amener l'outil à se déplacer sur les monticules ou ondulations prévus sur la feuille. Or, ces trois mouvements ou forces distincts exercés sur l'outil se confondent et peuvent être considérés comme étant utilisés simultanément, et constituent en réalité un mouvement continu, qui donne le balayage ; mais la mesure dans laquelle l'un ou l'autre prépondère dépend bien sûr de la forme particulière de la feuille ou du rouleau sculpté, et se découvre bientôt par peu de pratique sur différentes formes.

En commençant ou en perfectionnant ce modèle, fig. 44 , et tous les autres en haut-relief, l'élève fera bien d'observer qu'il doit choisir une gouge dont le balayage épousera la courbe de la feuille dans la partie sur laquelle elle est destinée à commencer. , et plaçant le bord de la gouge en dehors, mais tout près de la ligne, et tenant l'outil en pente de manière à en couper vers l'extérieur, lui donner un coup modéré avec le maillet. Faites attention à ne pas enfoncer la gouge trop profondément. C'est le *blocage* de la feuille, ou le contour dans le solide. Et ce faisant, commencez par réaliser ou découper uniquement le contour général. Conservez les interstices ou creux de seconde taille pour une seconde découpe, et les plus petites encoches des feuilles et coins fins pour une finition finale. Dans ce modèle, la Fig. 44 , ainsi que les Fig. 42 et 45 , les feuilles doivent être de grandeur naturelle, ou de trois à cinq pouces de longueur.

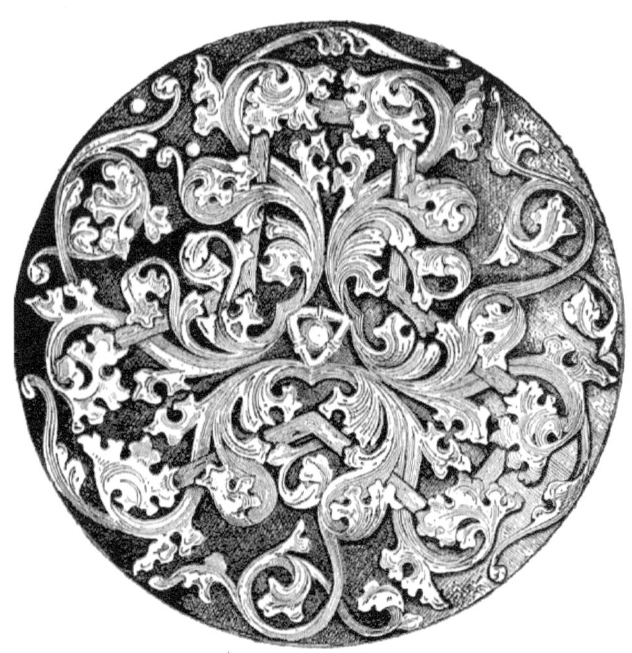

Figure 45.

La plupart des débutants coupent trop près sous la feuille, de manière à obtenir immédiatement un relief qui ressemble à une finition. En règle générale , il vaut mieux, quel que soit le motif, en ruban plat ou en haut-relief, toujours plutôt incliné vers l'extérieur. Car en premier lieu, lorsque nous terminons le travail du ruban, l'élève peut juger nécessaire de couper tellement de choses pour biseauter, arrondir ou dégager le motif que (surtout lorsqu'il s'agit de lignes étroites) l' *amincissement* sera détruisent complètement leurs proportions. Mais il est bon, pour une autre raison encore, d'être très économe en matière de réduction et de sous-cotation. Il y a beaucoup trop de sculpteurs sur bois qui coupent le dessous pour rendre les feuilles fines et naturelles, jusqu'à ce qu'elles ressemblent à du papier et soient beaucoup plus fragiles. Ceci est grandement admiré comme indiquant une « compétence », et cela exige certainement une compétence d'un ordre commun pour être efficace . Mais il faut un *art* et une volonté beaucoup plus élevés et plus nobles pour rendre les feuilles fortes et fermes, même si nous les conventionnalisons, afin que leurs courbes soient vraiment belles. Et cela peut être fait, tout en préservant tous les traits les plus beaux et les plus caractéristiques des feuilles.

En sculpture sur ruban ou à plat, une ombre ou un relief prononcé peut être obtenu comme suit. Lors de la coupe, inclinez le ciseau ou la gouge vers l'extérieur selon un angle de 45°, ainsi **/** . Lorsque l'échouage est terminé, coupez sous la pente, à mi-hauteur. Le contour ressemblera alors à un **<** . Ce bord tranchant peut être très légèrement coupé, comme □ , ou même en un □ **arrondi** , auquel cas il y aura une ligne d'ombre marquée tout autour du bord.

Après avoir bouché le tout quasi perpendiculairement, c'est-à-dire dans une direction ou sur un côté, procéder à la découpe des creux ou dépressions les plus apparents. Avec soin et mesure, même le débutant verra bientôt ses feuilles commencer à prendre forme. S'il n'a pas encore appris à couper et à balayer avec audace, il peut terminer le tout en gaspillant simplement le bois avec une coupe droite, aidé par la lime, le fusil ou la râpe. En fait, pour beaucoup de débutants, et surtout pour ceux qui sont lents à apprendre, cette coupe droite et ce râpage sont vraiment conseillés, car ils les familiarisent au moins avec la manipulation des outils, et leur apprennent à modeler et à évider. Les débutants éprouvent toujours une grande crainte ou une grande hésitation à l'égard du creusement et du cintrage « en rond », mais lorsqu'ils s'aperçoivent qu'un objet commence à prendre forme, ils reprennent courage, et lorsqu'ils en ont réussi un ou deux par un travail facile et certain, même à l'aide de râpes, ils sculpteront avec plus de confiance.

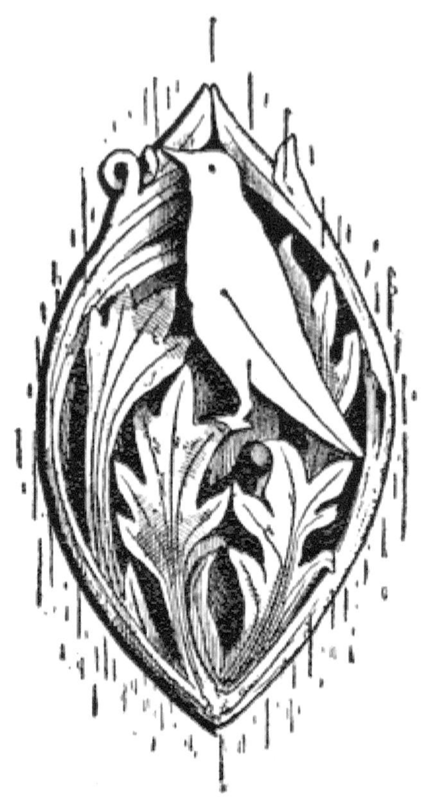

ORNEMENT DU DUOMO, FLORENCE.

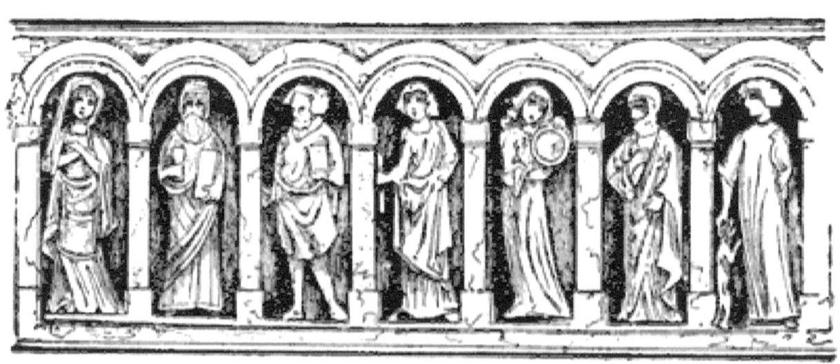

NEUVIÈME LEÇON.

SCULPTURE DE FIGURINES SIMPLES OU DE FORMES D'ANIMAUX—FIGURINI POUR ARMOIRES—BORDS ARRONDIS SIMPLES ET APPROCHE DE LA MODÉLISATION.

LORSQUE l'élève a un peu d'habitude de sculpter des feuilles et des ornements similaires en relief, il apprend bientôt à les approfondir ou à les tailler de plus en plus haut, puis à les modeler. Il peut maintenant, s'il le souhaite, essayer quelques formes animales simples. Un oiseau, un canard ou un lièvre pendu ne lui présenteront pas de difficulté particulière, d'abord s'il veut se procurer un objet suisse, déjà sculpté en bois, et l'imiter. Il y a peu de villes où il ne puisse obtenir quelque chose de pareil. Il est vrai que beaucoup de sculptures sur bois suisses ne sont pas du tout recommandables en termes de style ou de finition, mais elles feront très bien l'affaire pour un début. La meilleure méthode serait bien sûr de modeler un lièvre en argile d'après un lièvre mort. En tout cas, il peut commencer par acheter des animaux jouets, sculptés dans le bois et non peints. Ceux-ci sont fabriqués en étant sciés ou transformés en bois dans la section profilée. Celui-ci est ensuite découpé en plusieurs morceaux et chacun d'entre eux est sculpté, parfois assez bien, en animal. La laine ou les cheveux sont imités dans de très petites gouges ou outils en V, et parfois grattés avec une râpe, un peigne ou un autre outil. Après le blocage, un tel travail ne présente aucune difficulté particulière.

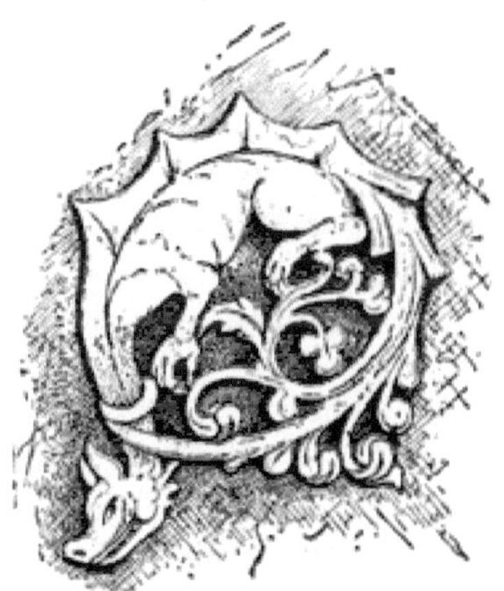

Figure 46.

Le procédé est tout aussi simple en ce qui concerne les animaux ordinaires ou grotesques de la sculpture gothique. Dessinez un tel animal, fig. 46 ou 48 *a* ou *b*, et après l'avoir assez bien arrondi, procédez à arrondir très progressivement les bords. S'il s'agit, par exemple, d'un serpent qui est partout rond, ce procédé est très simple, surtout si après la découpe on le lisse avec des limes et du papier de verre. Il se façonnera. Or, les membres des animaux, et même des êtres humains en bas relief, peuvent être arrondis de cette manière pour obtenir une précision approximative ; ou suffisamment correct pour les processus ornementaux initiaux. À mesure que l'élève progresse, s'améliore dans le modelage et avance dans la copie - disons d'excellents modèles de la Renaissance et de l'œuvre classique - il ira bien au-delà de ce début. Mais il n'y a absolument aucune raison pour que, s'il dessine seulement ses contours correctement, il ne commence pas par cette simple œuvre gothique.

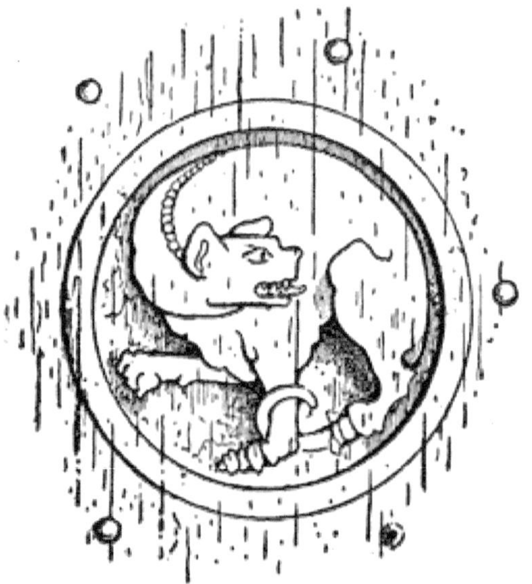

Figure 47.

Tout ce qu'un élève peut tirer de la vie ou d'un bloc, *il* peut l'observer ; et tout ce qu'il peut dessiner et ombrer, il peut le modéliser (ou *vice versa*) ; et tout ce qu'il peut modeler, il peut l'exécuter en bois ; et le fait de le travailler en tôle de laiton ou en cuir ne le dérangerait pas du tout. C'est la meilleure façon de travailler, d'autant la meilleure que, en toutes circonstances et malgré tous les inconvénients, tout sculpteur sur bois doit s'efforcer de tout son cœur d'apprendre à dessiner et à modeler ; car ce faisant, il apprendra beaucoup plus que ces trois coupes réunies, car il aura très certainement acquis une faculté qui l'aidera dans tout ce qu'il pourra entreprendre.

Ayant appris à esquisser, à dessiner et à arrondir des figures simples, je conseille à l'élève d'en exécuter un certain nombre, avec ou sans feuilles et ornements. Il peut ainsi esquisser et découper des poissons, des animaux de toutes espèces, des figures humaines en grandes lignes, jusqu'à ce qu'il ressente une certaine confiance et une certaine aisance quant à leur exécution.

Ce que l'élève doit donc faire dans cette leçon, c'est dessiner, découper et arrondir des formes animales faciles. A ce stade, qu'il accorde plus d'attention aux quelques points qui constituent l'exactitude générale d'un croquis qu'aux détails mineurs. Je fais référence aux distances générales des yeux, des articulations, des contours des pattes et du dos chez un cheval, un cerf, un porc, etc.

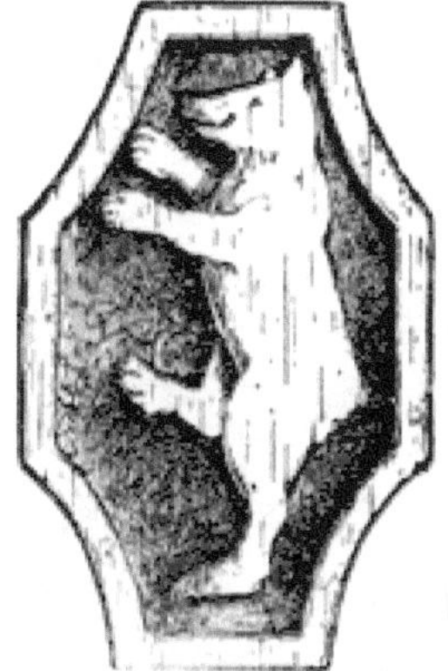

Figure *48a* .

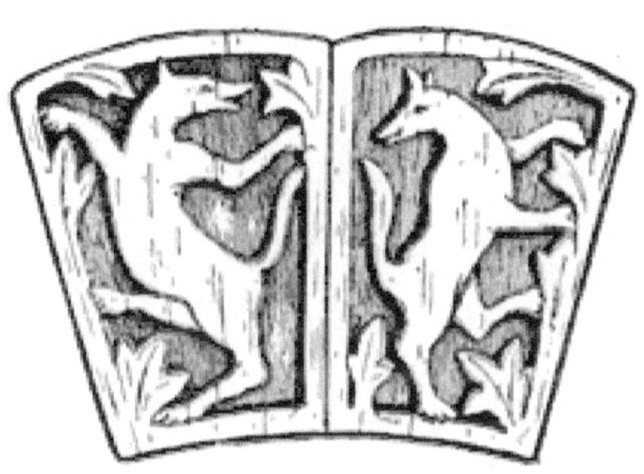

Figure *48b* .

Les figures simples peuvent être exécutées à plat ou au ruban, ou dans le relief le plus bas, ainsi que dans tout autre ouvrage.

Les sculpteurs italiens, pour l'ébénisterie, aux XVe et XVIe siècles, faisaient un grand usage des *figurini* , fig. 49 , ainsi que de l'ornement de la page 60 . C'étaient de petites statues, généralement des êtres humains, mesurant de trois à cinq pouces de longueur. Dans le travail ordinaire, ils étaient plutôt esquissés que minutieusement sculptés, mais l'effet était bon ; parfois, une centaine d'entre eux étaient regroupés dans un seul cabinet. Ces *figurini* étaient également très librement utilisés dans le travail de la pierre et de l'ivoire romain et byzantin ultérieur, généralement sous forme de rangées de saints ou de personnages scripturaires, chacun remplissant une niche sous un arc rond. Ces derniers étaient souvent de forme aussi grossière et simple qu'il est possible de le concevoir, mais, en raison de leur « constitution » ou de leur disposition, en tant que parties subordonnées, ils étaient de bon goût. N'importe quel sculpteur avec un peu de pratique peut les produire. Les rangées de *figurini* dans les niches étaient fréquemment utilisées pour les bordures ou pour entourer les cercueils.

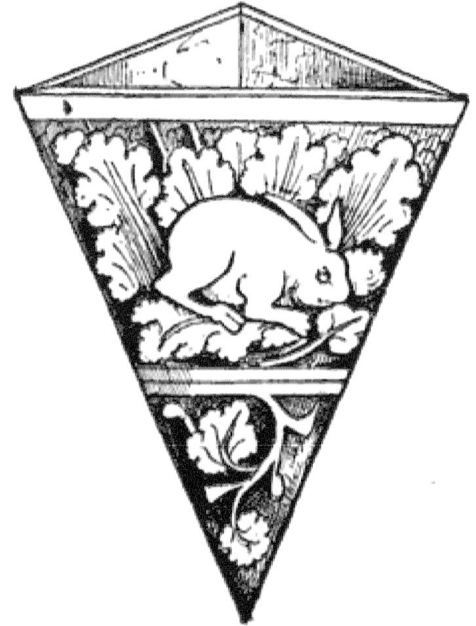

BOÎTE SUSPENDUE POUR UN COIN.

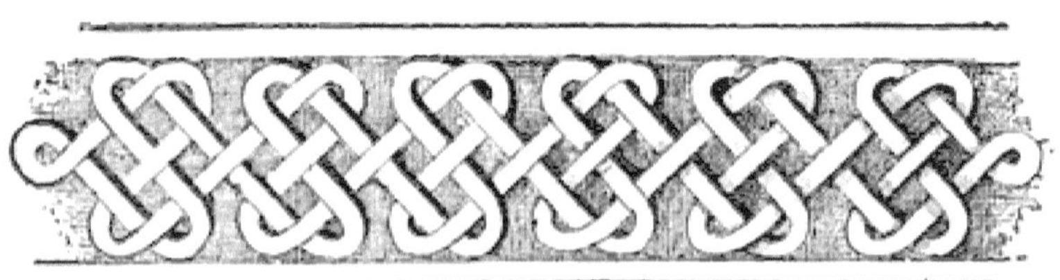

DIXIÈME LEÇON.

FINITION—IMITATION DE TRAVAUX ANCIENS ET USÉS—LÀ O UN POLISSAGE EST NÉCESSAIRE.

LA finition de la sculpture sur bois dépend du travail à accomplir. S'il s'agit d'un *morceau* de feuillage, ou de feuilles, soigneusement exécuté ciseau, de sorte que l'habileté de l'artiste à couper proprement puisse être évidente. Mais c'est devenu une mode pour les écrivains sur la sculpture sur bois d'insister sur le fait que, comme une loi sans exception, toute sculpture sur bois doit être terminée par coupe ; que le papier de verre et les limes ne doivent en aucun cas être utilisés, et qu'un sculpteur ne doit pas chercher à lisser la surface de sa sculpture, comme pour cacher la manière dont son œuvre a été exécutée. En sculpture sur bois, comme en toute autre chose, un véritable artiste ne se conforme pas à de simples règles. Il utilise les outils qui lui plaisent et termine à sa guise. Il ne limite pas son travail à un seul genre et déclare que tout doit se limiter à celui dans lequel lui ou certains experts excellent. Un examen des belles et curieuses sculptures sur bois de la grande salle de Venise convaincra quiconque que d'autres objets que des feuilles peuvent être sculptés dans le bois ; et que lorsque ceux-ci représentent, par exemple, de vieux livres à fermoirs métalliques, ou des ustensiles de ménage, ou des armes, l'imitation peut être légitimement poussée jusqu'à polir la surface. En outre, il peut très souvent venir à l'esprit de l'artiste d'imiter des objets anciens et usés, comme une bouteille de pèlerin, un cercueil ou une corne, car l'âge donne ainsi souvent de très beaux et curieux effets d'ombre et de lumière, de poli ou de rugosité, différents beaucoup et très avantageusement de l'uniformité de style stéréotypée de trop d'écoles. Tout cela nécessite de s'écarter largement de la théorie du non-polissage.

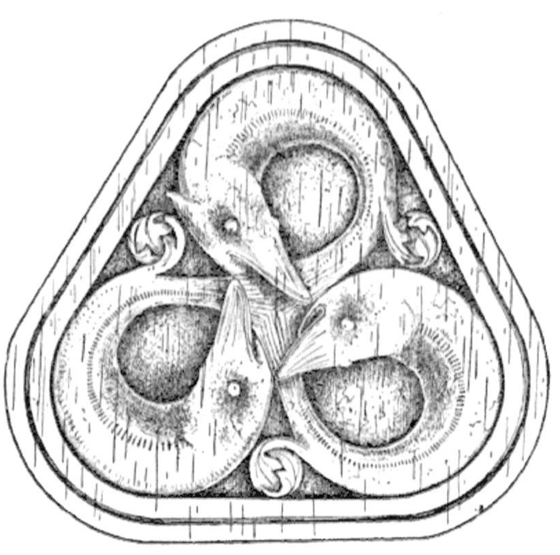

Figure 49.

La vérité est que le débutant doit effectivement *apprendre* à couper proprement et bien, et à faire tout son travail avec un tranchant, sans limes ni papier de verre, mais il n'y a aucune loi qui l'empêche d'aller plus loin. Une grande partie de la beauté de nombreux objets anciens vient d'un certain aspect usé, qui leur fait perdre quelques défauts grossiers. Voyons maintenant comment un tel vernis peut être apporté.

Dessinez sur un panneau d'un demi-pouce d'épaisseur, plus ou moins, fig. 49 . Après l'avoir repoussé , coupez *très* légèrement la silhouette, pas complètement, mais en arrondissant un peu le bord. Faites-le d'abord avec le ciseau, aussi proprement que possible ; puis prenez les fichiers. Pour de nombreux endroits de votre travail, en particulier pour lisser les sols où le travail est difficile et où l'outil incurvé n'est pas disponible, une lime courbée est très utile, et elle peut être disponible dans toutes les formes et courbes. Pour une finition grossière, vous pouvez utiliser des râpes et de gros fusils, pour un travail plus fin, de petites limes. Après avoir mis en forme votre œuvre, vous pouvez gratter le sol à plat avec des morceaux de verre brisé ou un outil prévu à cet effet, ou encore un ciseau. Prenez ensuite du verre ou du papier de verre, le premier étant de loin préférable, et finissez encore avec soin. Il peut maintenant être conseillé d'huiler toutes les sculptures, si de l'huile doit être appliquée. Étalez l'huile avec un large pinceau plat, mais s'il y a des endroits qu'elle n'atteindra pas, utilisez une peinture plus petite ou un crayon en poil de chameau. Laissez l'huile pénétrer pendant quelques jours dans une pièce chaude. Puis avec un morceau de bois de pin très tendre, frottez avec beaucoup de précaution. Plus vous frottez fort, meilleur sera le poli, mais aussi plus le risque de plier ou d'enfoncer la surface de la sculpture est grand ; une grande prudence est donc nécessaire. Plus ce polissage est prolongé, meilleur sera l'effet. Les ouvriers passent souvent autant de temps à polir une pièce destinée à être manipulée qu'à la sculpter.

On peut constater qu'en utilisant le papier de verre, il est souvent très difficile de pénétrer dans certains trous ou cavités. On y parvient soit en transformant un morceau de papier en rouleau, soit en le pliant ou en l'enroulant autour de l'extrémité d'un bâton coupé à cet effet. Mais le moyen le plus efficace est de prendre un bâton, par exemple de la taille d'un crayon à mine, ou, selon la cavité, d'en arrondir le bout avec une gouge et du papier de verre, de tremper le bout dans de la colle et, pendant qu'il est humide, dans du verre en poudre. Une fois secs, ils font d'admirables finitions, et ils peuvent être à nouveau trempés lorsque le verre commence à s'user. Le verre peut ainsi être posé aux extrémités de vieilles limes courbées.

Lorsqu'il y a des figures d'animaux, ou des feuilles, ou des bandes destinées à être ainsi finies et polies *all'antico* , ou à ressembler à une œuvre usée, il n'est pas conseillé d'y mettre trop d'intérieur ou *d'en-ligne* . Le travail intérieur concerne, par exemple, les plumes d'un oiseau, les poils d'un animal, les écailles d'un poisson, les lignes médianes et les nervures des feuilles. Quelques lignes à titre indicatif doivent suffire. Mais l'étudiant en sculpture ancienne et usée par le temps ne peut manquer de tirer lui-même toutes ces conclusions.

La dernière finition à donner à ces travaux pourra être exécutée par frottement à la main. Cela communique à certaines espèces de bois et à d'autres substances un poli particulier que rien d'autre ne peut réellement donner.

Dans une très grande proportion de travaux simples à plat ou au ruban, l'effet est considérablement augmenté ou amélioré en polissant le motif et en laissant le sol rugueux ou en l'indentant. Ceci est non seulement parfaitement légitime, mais cela se fait couramment sur le marbre ou le métal *repoussé* de toutes sortes, ainsi que sur le travail du cuir, et pourtant tout écrivain sur la sculpture sur bois répète comme un devoir l'injonction qu'il ne doit y avoir « aucun polissage », et rien que couper. Cela équivaut en effet à interdire l'application de la sculpture sur bois aux meubles, aux objets à manipuler, à la maison et à bien d'autres types de décoration. Mais, en fait, il existe des exemples de décoration dans lesquels la peinture ou les teintures, le vernis à ongles, les clous ou autres ouvrages en métal peuvent être combinés de la manière la plus artistique et la plus belle avec la sculpture sur bois, comme le prouvent des milliers de reliques du Moyen Âge et de la Renaissance.

Polir un motif le fait briller, tandis que dégrossir ou parsemer une surface l'assombrit. Ainsi, lorsque l'on veut dans la décoration des effets audacieux d'ombre et de lumière, on peut légitimement polir les parties qui sont en relief. Les œuvres minutieusement découpées qui doivent être étudiées individuellement en détail, et non simplement comme partie d'un tout, n'ont pas besoin d'être polies ou rugueuses ; sa finition dépendra des conditions de sa conception.

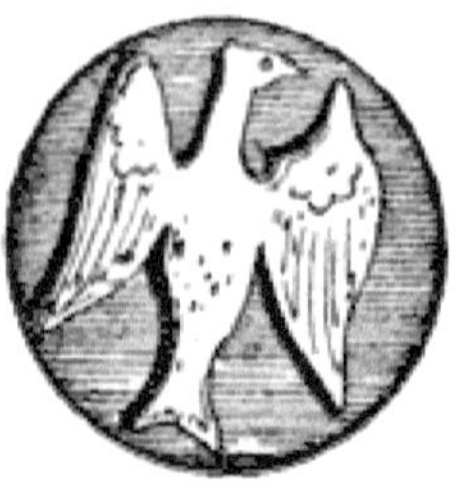

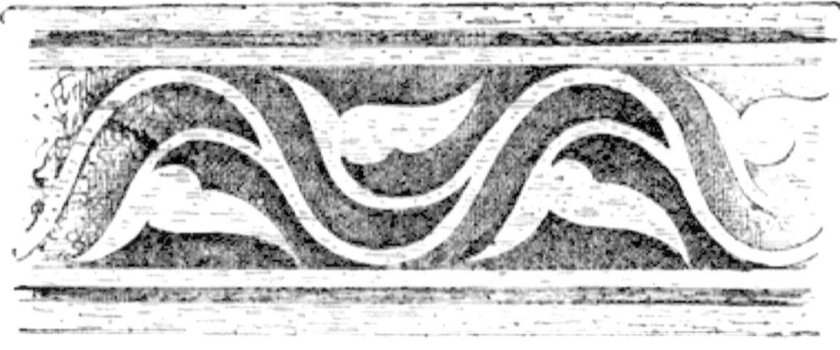

ONZIÈME LEÇON.

TRAVAIL DES COUCHES—MOTIFS DE COUCHES ESTAMPILLÉS—COUCHES COUPEES.

CE qu'on appelle le travail des couches est le cas où le sol est constitué d'un motif généralement petit, fréquemment répété à intervalles réguliers. Il est ainsi appelé de la célèbre couche ou toile de lin figurée, du vieux français *diapré*, signifiant la même chose, du verbe *diapréz*, couche, ou « se diversifier avec des fioritures » (Cotgrave). Le verbe, selon Skeat, vient du vieux français *diaspre*, plus tard *jaspe*, une pierre très utilisée pour les bijoux ornementaux . Italien, *diaspro*, un jaspe. « *Couche*, à décorer de couleurs variées , ou à broder sur un fond riche » (Anglo-Normand). «Il existait un riche tissu figuré ainsi appelé» (Strutt, ii. 6), comme «également une sorte de lin imprimé» (Halliwell). Ces derniers sont encore courants. Il est cependant très probable que le mot vienne réellement, comme l'affirme Fairholt , d'Ypres, c'est-à-dire d'Ypres , qui était célèbre pour de tels travaux. Certains auteurs appliquent le terme simplement au pointage, à l'indentation ou au rendu rugueux d'un fond, mais il s'applique correctement aux petites figures.

MODÈLES DE COUCHES ESTAMPÉS. Ceux-ci peuvent être réalisés en premier lieu et le plus facilement au moyen de bois estampé ou poinçonné, fig. 23 et 27 , et d'un marteau ou d'un maillet. Entraînez-vous d'abord avec ces derniers sur des déchets de bois. Il n'est pas aisé au début de les répéter à intervalles parfaitement réguliers, en les rendant identiques les uns aux autres. Le travail est grandement facilité en traçant des lignes comme un pion ou un échiquier au sol, et en faisant un tampon ou une couche à chaque point, ou tout le long des lignes. Il existe une grande variété de poinçons à cet effet. Cette classe de travaux estampés est très efficace pour les bordures et bordures étroites, ainsi que pour les congés, qui autrement seraient fastidieux et difficiles à sculpter. Avec peu de pratique, ce travail peut être exécuté avec une grande rapidité.

COUPER DES COUCHES. Certains motifs se découpent très facilement avec un seul outil, comme par exemple les carrés, les losanges et les triangles. Pour ceux-ci, un burin ou un burin suffit. Le lecteur remarquera qu'un carré, etc., est alternativement supprimé et un autre laissé. Lors de la conception ou de la sélection de ces couches, ou de toute autre couche, il faut veiller à choisir celles qui s'emboîtent exactement. Mais toutes les figures de ce genre, quelles qu'elles soient, sont bien adaptées au terrain.

Un style plus avancé de travail des couches consiste à couper des lignes avec l'outil de séparation ou la plus petite gouge, à moins, en effet, que vous soyez suffisamment expert pour le faire avec un ciseau ou un ciseau plus ferme.

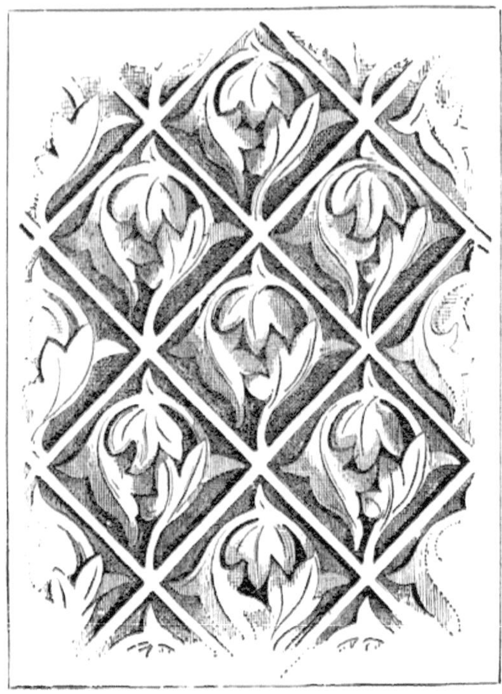

Figure 50.

C'était le type de couche le plus courant sur les cercueils au Moyen Âge. Un très joli effet était souvent produit en remplissant ces lignes de peinture marron foncé ou noire. Dans tous les cas, lorsqu'ils étaient huilés, ou à mesure qu'ils vieillissaient, et que de la poussière, de l'huile ou de l'humidité s'y infiltraient, ils devenaient sombres. Il a déjà été dit que toute sorte de simple travail *au trait* peut être exécuté sur une surface de bois lisse au moyen d'un outil en V, ou généralement d'une petite gouge. On peut aussi l' effectuer avec une roue à tracer, ou avec un traceur, ou avec tout instrument à pointe plutôt émoussée. Dans des bois durs et de couleur claire , de très beaux effets peuvent ainsi être produits.

L'étape suivante consiste à découper des lignes et à combiner avec ces espaces de découpe et d'excavation, comme dans une sculpture ordinaire. Néanmoins, ce n'est généralement pas une bonne idée de fabriquer des couches trop ornementales ou élaborées ; car cela conduira à les agrandir, et alors ils attireront l'attention sur le motif, s'il y en a un, ou sur les figures principales. Lorsque toute la surface est constituée de couches, comme dans un tapis, les couches peuvent être aussi grandes et aussi élaborées que l'on choisit de les fabriquer.

Il n'y a qu'une seule règle générale pour concevoir la couche. Dessinez un échiquier, puis, par des diagonales, convertissez-les en « points de haut en bas », de carrés ou de triangles ; ou remplissez les espaces égaux avec des triangles équilatéraux, des hexagones, des cercles ou des pentagones, etc. [1] Ceux-ci peuvent être remplis avec toute décoration appropriée. Sur la figure 50 , des parties de la surface originale du panneau ont été laissées sous forme de crêtes pour séparer les couches, puis chacune de ces dernières a été sculptée avec le même ornement ; un exemple assez avancé, mais coupé seulement en relief modéré. Une autre planche, fig. 52 , donne une variété de figures appropriées en bas-relief ; deux ou trois d'entre eux doivent être choisis et répétés dans un ordre régulier dans les espaces voisins .

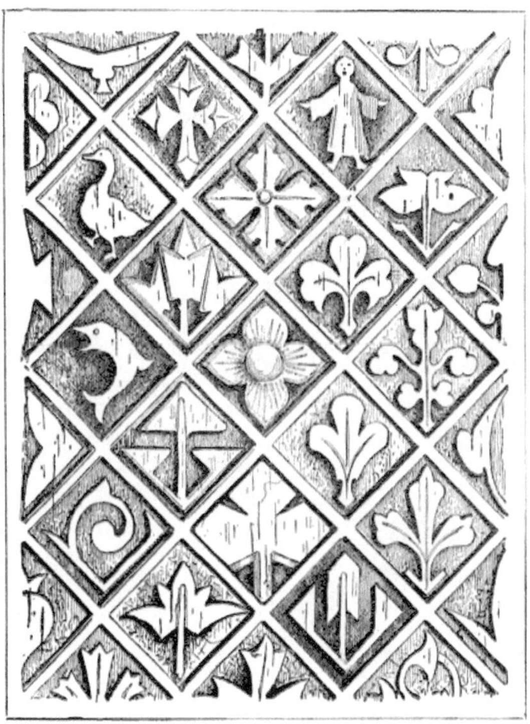

Figure 51.

Une variété de modèles de couches.

Là où l'objet principal est une simple décoration de surfaces, la simple découpe de couches est une industrie importante, et au moyen de laquelle, sans un très grand degré d'habileté, on peut obtenir de beaux résultats. Ainsi, de grands meubles, des coffres, et surtout des murs ou des lambris , peuvent être promptement ornés au moyen d'elle, même par celui qui est loin de pouvoir tailler en ronde-bosse ou couper des feuilles. Cela peut être grandement facilité de plusieurs manières. L'une d'elles consiste à découper les motifs en double, plusieurs à la fois dans du papier, à les coller sur le bois et à les sculpter autour. Mouillez ensuite le papier et retirez-le soigneusement avec une brosse dure. Une autre solution consiste à découper le motif dans du carton, du laiton fin ou du bois et à le peindre au pochoir avec un crayon à mine ou une couleur qui s'effacera. Puis découpez comme avant. Il est extrêmement facile, après avoir coupé plusieurs fois une certaine figure, de continuer à la répéter, et les débutants peuvent donc, avec un grand avantage, s'initier à la coupe de couches, puisqu'ils acquièrent ainsi non seulement une familiarité avec le utiliser les outils, mais à force de répétition se familiariser parfaitement avec au moins une démarche ; car le plus grand problème dans tous les arts et dans toutes les études est qu'ils ne maîtrisent pas suffisamment, à aucun moment, une chose particulière.

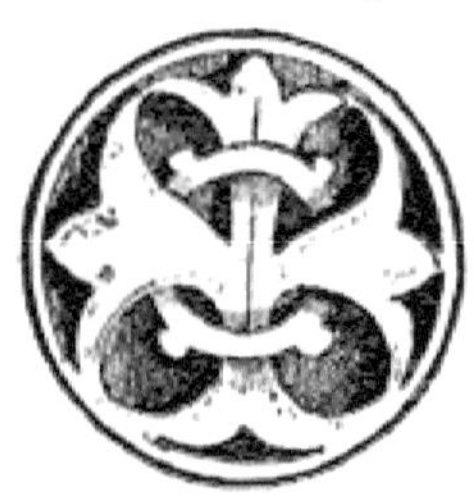

DOUZIÈME LEÇON.

TRAVAUX DE CONSTRUCTION OU D'APPLIQUÉ.

IL arrive souvent qu'en sculpture, alors que la majeure partie du travail est de niveau, une partie, généralement le centre , s'élève au-dessus du reste, ou dépasse au-delà, comme l'illustre la figure 52 . Ce serait souvent une perte de bois et de temps de le découper en une seule pièce. Dans de tels cas, nous collons simplement un morceau de bois supplémentaire et le découpons. Parfois, lors de la sculpture d'un visage, seul le nez, et peut-être le menton, doivent être ajoutés. On dit que cette méthode consistant à coller du bois sur du bois pour obtenir un relief supplémentaire a été largement pratiquée pour la première fois par Grinling Gibbons.

En Allemagne, cet ajout d'un « patron » central est si bien compris que dans de nombreux magasins, on vend des têtes ou des visages d'hommes, de femmes ou d'animaux, des couronnes et des centres ou patrons similaires pour les sculpteurs capables d'exécuter des travaux à plat ou au ruban. mais pas de haut-relief. De cette manière, des travaux très ornementaux ou voyants peuvent être exécutés avec le moins de peine et de dépenses possibles. De la même manière, un morceau de vieille sculpture, ou, peut-être, plusieurs morceaux, sont pris ou conservés à partir d'un spécimen ancien à moitié ruiné, et bien collés sur un morceau de vieux bois sain, exactement de leur couleur et de leur texture. Celui-ci est ensuite sculpté dans le même style. De cette façon, des œuvres vraiment précieuses peuvent être facilement réalisées, car de telles pièces de vieilles sculptures à moitié pourries sont trop souvent jetées et peuvent souvent être achetées pour une bagatelle.

Cependant, cette méthode d' *appliqué* , ou d'application bois sur bois, bien qu'on puisse y recourir dans certains cas pour économiser beaucoup de coupe et de matière, peut être poussée trop loin, lorsqu'elle dégénère en une simple fabrication.

d'appliqués de ce genre relèvent encore plus de la fabrication lorsqu'ils sont constitués de planches minces, découpées en motifs avec une scie à chantourner ou à chantourner, travaillées à la gouge, puis collées sur du bois. C'est une simple imitation. On peut cependant garder à l'esprit, bien que la plupart des auteurs sur le sujet le nient, que même s'il ne s'agit absolument *pas* d'un art noble ou légitime, il n'y a aucune loi ni aucune raison contre cela ; et si un homme ne peut trouver une meilleure façon d'orner sa maison, il a parfaitement le droit de le faire, s'il le juge à propos. Et s'il peut se permettre le temps, les compétences et le matériel, il passera probablement du travail *d'appliqué à quelque chose de mieux.* En tout cas, il aura appris quelque chose, et cela vaut la peine d'apprendre. C'est trop souvent le cas des grands critiques d'art, qui exigent que tout le monde *ait en même temps* un goût et des perceptions *élevées* , sans se soucier des dépenses.

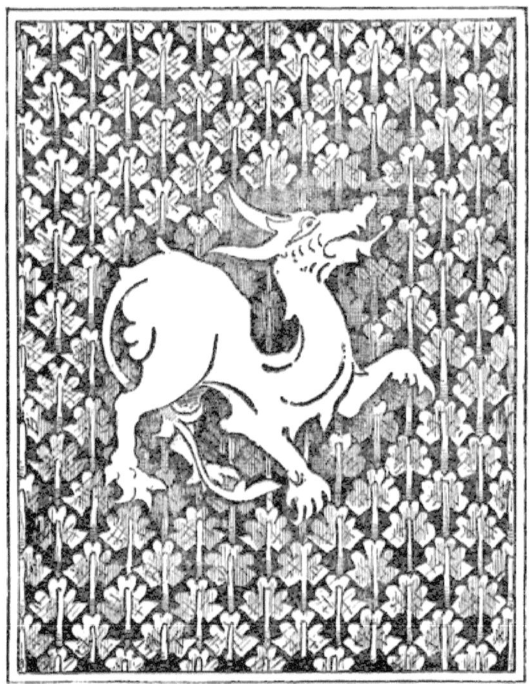

Figure 52. TRAVAIL D'APPLIQUÉ.

DRAGON EN BOIS FIN, APPLIQUÉ SUR FOND DE COUCHE.

L'élève peut maintenant tenter un travail d' *appliqué facile* . Prenez un panneau, fig. 52 , et tracez dessus le motif. Laissez un espace plat et vierge de la surface d'origine, appelé « siège », pour les personnages, de leur taille précise, puis travaillez le sol. Lorsqu'il s'agit d'une *couche* , celle-ci peut être réalisée soit par sculpture, soit par estampage. Après avoir fini le fond en couches, sciez ou découpez les figures, collez-les à leur place et sculptez-les ; ou la sculpture peut être exécutée avant l'application.

d'appliqués sont sujets à l'objection, surtout lorsque de grandes surfaces sont posées, que deux pièces de bois sont rarement exactement de *la* même qualité et de la même texture, et que, par conséquent, elles peuvent parfois ensuite rétrécir ou gonfler dans des directions différentes, avec l'effet naturel. résultat de déformations et de fentes. On y remédie parfois en utilisant des vis ainsi que de la colle ; mais la meilleure prévention contre de tels accidents est de couper le sol et la pièce qui y est collée dans le même morceau de bois, bien entendu parfaitement séché.

Dans de nombreux cas, les cadres ou les bordures peuvent être *appliqués* ou collés. Si l'œuvre est destinée à une couverture d'album ou de livre, le cadre peut être fait un peu plus haut que l'ornement central, pour le protéger des rayures lorsqu'il repose le visage sur n'importe quelle surface. Cela ne sera pas nécessaire s'il est utilisé pour un panneau sur le côté d'une boîte ou dans un mur.

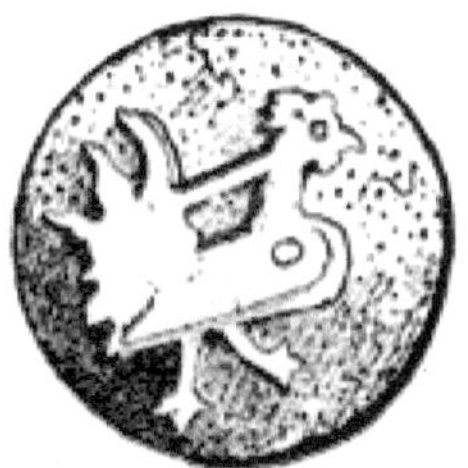

TREIZIÈME LEÇON.

SCULPTURE EN ROND.

TAILLER en ronde-bosse consiste à découper un objet fini de tous côtés, comme un buste ou une statue. Il s'agit en fait de « statuaire ». Cela semble être un travail très difficile pour un débutant, mais l'élève qui a maîtrisé les rudiments exposés dans ce livre et qui peut mesurer et découper un bas-relief d'un pouce ou un haut-relief de deux ou trois pouces , n'aura aucune difficulté à sculpter quelque chose de petit dans la rondeur et à progresser de là vers quelque chose de plus grand. Les étapes de la sculpture sur bois, depuis le martelage d'un motif échancré jusqu'à la sculpture d'une statue, sont parfaitement définies et très faciles si elles sont parfaitement maîtrisées une à la fois.

La sculpture en ronde-bosse sera la moins difficile à celui qui sait modeler son œuvre en argile ou en cire à modeler. Cela est particulièrement facile s'il alterne la sculpture avec le dessin et le modelage ; c'est, en fait, une si grande aide à la sculpture, qu'il ne devrait pas y avoir grand-chose de cette dernière sans elle. Celui qui a modelé quelque chose dans l'argile ou la cire l'a en quelque sorte sculpté dans une matière molle, alors que la véritable sculpture n'est qu'un modelage avec des gouges et des ciseaux.

Il n'y a aucune difficulté, pour celui qui a maîtrisé les six premières leçons de ce livre, à sculpter un demi-canard ou un poisson en relief. S'il pouvait sculpter l'autre côté et les rejoindre , il aurait l'animal complet. En masquant des formes simples, telles que des canards, des poissons, des lièvres ou du gibier, en haut-relief, le sculpteur apprend rapidement à « dégrossir » presque tout. Ayant réalisé un buste en argile, il sait où il faut en enlever ou en couper ici ou là. Il l'étudie au fur et à mesure, alternativement de profil ou de face, et mesure continuellement au pied à coulisse et au compas pour s'assurer qu'il en conserve toutes les proportions. L'habitude qu'il a eu de sculpter, rainurer, balayer et modeler délicatement les feuilles, de couper les poils du gibier, d'imiter la vannerie, etc., entrera désormais en jeu. En ce qui concerne l'ajustement de certains outils pour former les globes oculaires, les paupières, etc., si l'élève ne connaît pas encore la mesure et la capacité de ses outils, il a travaillé en vain. S'il a un doute de temps en temps, qu'il se fasse simplement un œil, ou une lèvre, ou une bouche, sur un morceau de bois de rebut, et il n'aura aucune difficulté à le répéter ; et celui qui manque de temps pour une telle pratique ne fera jamais un artiste, fig. 53 .

La grande difficulté de sculpter en relief profond et en rond est d'obtenir l'allure générale, le contour et les proportions de l'ensemble , et cela est difficile pour un élève qui ne dessine pas, n'ombrage pas et ne modèle, alors qu'il s'agit d'un simple dessin. bagatelle pour celui qui le fait. La découpe et le bouchage, qui semblent être la grande difficulté, sont un processus purement mécanique, effectué avec des compas, des outils de sculpture et des râpes, et parfois avec une scie à archet en acier, ici et là. Et cela ne présente aucune difficulté à toute personne intelligente qui a soigneusement exécuté tout ce qui est décrit dans les leçons précédentes, surtout à celui qui a sculpté des animaux et des figures simples, ou des visages, en haut relief.

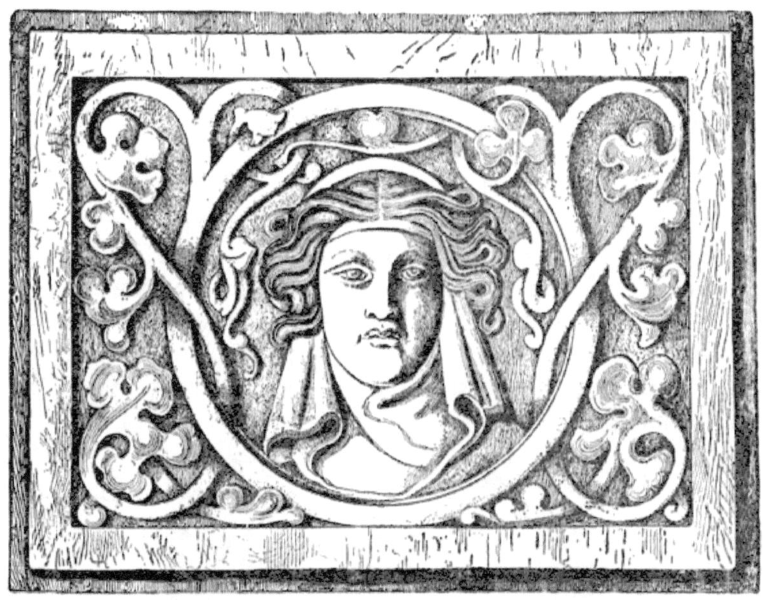

Fig. 53. HAUT-RELIEF. Conception par C.G. Leland.

Il est vrai que dans les ateliers où l'on exécute de nombreux travaux gros et grossiers, comme par exemple de grandes pièces pour plafonds, des figures pour façades, etc., le sculpteur, formé dès le début au balayage et à l'écaillage audacieux, ne tient guère compte des difficultés et se met à sculpter avec une grande confiance. Or, ce que l'étudiant doit s'efforcer d'acquérir, c'est une certaine confiance du simple ouvrier dans la culture et les connaissances de l'artiste. Et il devrait, chaque fois que l'occasion se présente, essayer de voir travailler des sculpteurs pratiques de toutes sortes, car de cette manière il apprendrait beaucoup de choses qu'aucun livre ne donne.

Il est recommandé que les premiers essais de sculpture en ronde-bosse soient effectués dans du bois de pin tendre, car c'est bien entendu le bois le plus facile à modeler. Personne ne devrait se décourager parce qu'un premier ou un deuxième effort s'est soldé par un échec.

J'ai observé que beaucoup d'auteurs traitant de cet art traitent la sculpture en haut-relief ou en ronde-bosse, comme si le premier effet devait nécessairement être une tête ou une figure humaine, c'est-à-dire le plus difficile de tous les objets. Mais celui qui peut découper un sabot de bois, ou un lapin, ou un poisson, ou l'objet le plus simple, sur une grande échelle, sur tous ses côtés, aura, s'il répète cela jusqu'à ce qu'il puisse le faire facilement, maîtrisé les plus grands difficulté qui effraie les débutants, celle de *bloquer* de tous côtés.

Dans la tête de Civitale , en plein demi-rond, qui peut facilement être réalisée en plein rond, le sculpteur peut commencer par modeler l'ensemble. Si cela ne lui convient pas, qu'il marque avec le compas les différentes dimensions, et qu'il donne soigneusement une forme au tout, en arrondissant d'abord le tout pour lui donner une forme grossière, puis en découpant très progressivement les creux. Aucune description détaillée des outils à choisir exactement pour certains endroits, ou de la manière de travailler, ne serait d'une réelle utilité pour l'élève qui a soigneusement exécuté les leçons précédentes, car il n'aura pas une seule coupe qu'il n'ait faite auparavant, et dans ce cas, un peu d'ingéniosité et de réflexion volontaires feront plus de bien que n'importe quelle instruction.

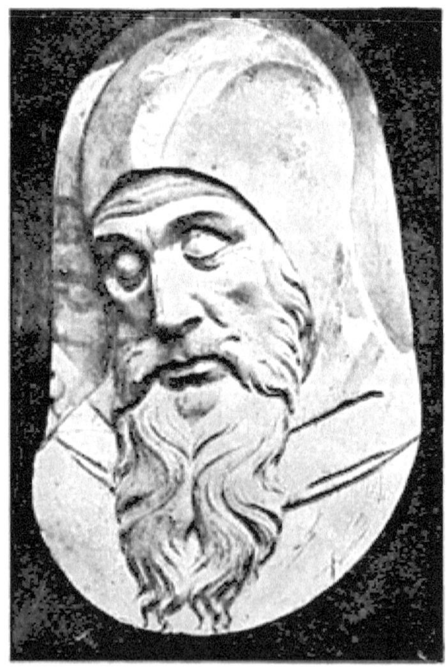

- 69 -

Tête, par Civitale . *P. 82* .

ANNEXE À LA LEÇON XIII.

SUR L'UTILISATION DE LA SCIE.

(Par John J. Holtzapffel .)

Le cadre de scie Buhl en acier (Fig. 16) peut être très utilement employé pour éliminer de nombreuses parties superflues du matériau dans les premières étapes de la sculpture en rond, comme dans les grandes ou petites figurini , et pour les parties qui doivent être découpé pour laisser les contours ou les marges entre les feuilles et autres ornements dans les œuvres à plat. Dans de tels cas, il est à recommander, car son emploi permet non seulement d'économiser beaucoup de temps, mais aussi d'éviter les risques de casse, auxquels l'ouvrage est très exposé lorsqu'il faut enlever entièrement ces portions avec l'outil à sculpter.

Dans la sculpture ronde, le bloc, plus ou moins grossièrement délimité sur ses surfaces pour se rapprocher de sa forme ultime avec d'épaisses lignes de crayon ou de crayon, peut être maintenu sur l'établi par la vis du sculpteur (Fig. 10), ou si cela ne convient pas, ou s'il s'agit d'un travail à plat, il peut être tenu dans l'étau. Une lame de scie Buhl grossière et solide est employée ; celle-ci est d'abord fixée dans la mâchoire à vis située de l'autre côté du cadre de scie ; on dévisse ensuite le manche de cette dernière jusqu'à ce qu'il dépasse sa mâchoire d'environ un demi-pouce, et au moment où l'autre extrémité de la lame y est fixée, on fait également rapprocher les deux mâchoires l'une de l'autre en appuyant sur l'autre côté de la lame. le bâti de la scie contre l'établi, le manche contre la poitrine de l'ouvrier ; après cela, la poignée est revissée jusqu'à ce que sa mâchoire revienne à sa position initiale. L'arrière de la lame de scie est vers l'arrière du cadre de scie, et les dents de la lame doivent pointer à l'opposé du manche, facilement découvertes en passant le doigt le long d'elles, et lorsque la scie est correctement tendue pour l'utilisation, elle doit sonne comme une corde de harpe.

En utilisation, le manche du bâti est saisi par tous les doigts de la main, à l'exception de l'index, qui est tendu tout droit le long de celui-ci en direction de la scie ; cette dernière est poussée tout droit et retirée avec une pression modérée, juste suffisante pour provoquer sa coupe, et est tordue pour suivre les directions des lignes ou courbes de la pièce à enlever. Pendant le sciage, l'index tendu sert de guide infaillible pour la direction de la coupe.

Lorsqu'une pièce doit être retirée entre d'autres qui doivent être laissées, comme entre le corps et le pli du bras, ou entre les jambes d'un personnage, un petit trou est d'abord percé à travers le bloc et la scie y est passée. avant qu'il ne soit tendu; et la seule précaution nécessaire tout au long de l'utilisation de la scie est de laisser partout suffisamment de matière pour une parfaite liberté dans la sculpture ultérieure en ne coupant pas trop près.

Une méthode entièrement différente est suivie pour découper les moules , les pièces destinées à la sculpture *des appliqués* et pour les contours des chantournages ou des panneaux percés de nombreux interstices dont la surface doit ensuite être sculptée. Ces œuvres ne peuvent pas être maintenues fermement dans l'étau ou autrement, non seulement parce qu'elles sont souvent minces et susceptibles de se briser, mais parce que, si elles sont ainsi maintenues, il est impossible d'obtenir immédiatement les contours vrais et fluides souhaités sans correction ultérieure. , qui peut être réalisé sans difficulté lorsque l'œuvre est parfaitement libre.

Le coupeur de frettes professionnel, qui produit les travaux les meilleurs et les plus élaborés, tels que les panneaux longs, minces et percés devant être recouverts de soie pour les façades des pianofortes, utilise un cadre de scie similaire, mais beaucoup plus profond et léger. en bois, avec les mêmes mors à vis en acier, accroché au plafond par une corde. Il est assis à califourchon sur un banc appelé « cheval », qui a devant lui deux hautes mâchoires verticales, dont les bords supérieurs sont doublés de laiton, ou parfois de liège. L'autre mâchoire est fixée pour résister à la poussée de la scie, l'autre est échancrée en dessous et ressort ouverte lorsqu'elle est laissée seule, mais est fermée par une entretoise diagonale reposant librement dans des mortaises pratiquées sur la face du banc et sur celle du mobile. mâchoire; la jambe de force est tirée vers le bas pour fermer la mâchoire sur l'ouvrage au moyen d'une corde passant de celle-ci à travers un trou dans le banc jusqu'à une pédale située sous le pied de l'ouvrier. Les surfaces de son œuvre sont donc verticales, et l'œuvre elle-même est tenue très légèrement, de sorte qu'il peut la tordre dans toutes les directions avec la main gauche, tandis qu'il maintient la scie en mouvement constant d'avant en arrière dans le même plan horizontal. , avec la droite.

Un support plus simple, appelé « table de scie », fig. 7b , est utilisé et répond parfaitement à tous les besoins de la plus *petite* classe d'ouvrages que nous considérons. Cet outil est constitué d'une pièce de bois oblongue, parfaitement plate, lisse et polie sur sa face supérieure, à l'une des extrémités de laquelle se trouve une fente d'environ un pouce de largeur ; en dessous, il comporte une traverse de bois pour maintenir l'outil stable sur le banc ou la table sur laquelle il est placé, ainsi qu'une pince et une vis pour l'y fixer.

L'œuvre, d'abord percée des trous pour enfiler la scie à travers tous ses interstices prévus, la scie est placée à travers l'un d'eux, tendue comme auparavant, et est ensuite déposée, motif vers le haut, sur la table de scie, sur laquelle elle est légèrement tenu et tordu par la pointe des cinq doigts de la main gauche posés verticalement dessus ; la scie est travaillée de haut en bas verticalement dans la fente par la main droite, la poignée sous la table de scie. Le but ici est de maintenir la scie travaillant toujours au même endroit, et de laisser la courbe ou la ligne résulter du seul mouvement parfaitement libre de l'ouvrage. Les lames de scie employées sont beaucoup plus fines que celles mentionnées précédemment ; ils sont fortement tendus de la même manière qu'auparavant, mais ils sont placés dans le cadre de telle sorte que les dents pointent maintenant dans le sens inverse, vers le manche, et la coupe s'effectue donc vers le bas.

Les scies d'usage ordinaire, telles que les scies à tenon et à queue d'aronde à dos de laiton et les scies à trou de serrure du charpentier, trouvent également un emploi constant pour d'abord façonner grossièrement et préparer les blocs et les panneaux qui seront ensuite sculptés ; lors de leur utilisation, il suffit, comme dans tout sciage sur des œuvres sculptées, de couper juste suffisamment large les lignes marquées pour garantir que toutes les marques de scie seront supprimées par l'outil de sculpture.

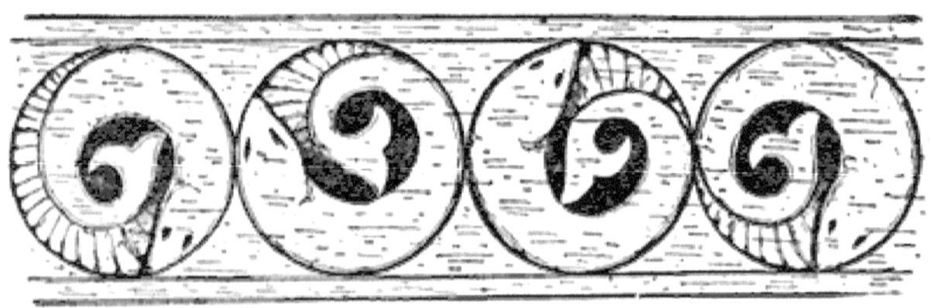

QUATORZIÈME LEÇON.

SCULPTURE INCISÉE, INTAGLIO OU COULÉE.

PROFONDE , comme l'appellent certains écrivains, est maintenant connue parmi les artistes comme incisée, coulée ou taille-douce. Il s'agit d'une forme avancée de coupe à la gouge.

Il s'agit d'un type de travail très beau et facile, qui était largement pratiqué en Italie dans les premiers temps, et qui mérite une attention particulière en raison de son applicabilité non seulement à des décorations audacieuses, grandes et même grossières, qui étaient cependant très efficaces. — mais aux objets les plus délicats et les plus infimes. « Cela peut », dit le général Seaton, qui fut le premier à le décrire, ce qu'il fait avec beaucoup d'enthousiasme, « être appelé sculpture coulée, car, contrairement à la méthode habituelle, la sculpture est coulée, tandis que le sol est laissé à sa place. niveau d'origine. Comme la gravure sur métal, elle coupe le sol et dépend entièrement du contour, du dessin et de l'ombre pour ses effets. Il convient aux couvertures de livres, ou à être employé partout où la sculpture est susceptible d'être manipulée ou frottée, car, étant enfouie sous le sol, elle ne peut être frottée ou blessée que lorsque le sol lui-même est usé.

Prenez n'importe quel bois, sauf un bois grossier , — houx, hêtre, chêne, peuplier, poirier ou noyer, — et laissez la surface être bien rabotée , ou peut-être polie. S'il s'agit d'un bois de couleur claire , dessinez votre motif avec un crayon très doux, disons *B B B* , sur du papier, posez-le face contre le bois et frottez soigneusement le dos avec un polissoir en ivoire ou autre. Le travail est principalement exécuté avec des gouges et des grains courbés, plats et creux, avec deux ou trois ciseaux courbés et des tampons, et il arrive souvent qu'une bonne pièce de sculpture incisée puisse être exécutée avec très peu d'outils. Il est exécuté presque entièrement à la main, ou sans martelage.

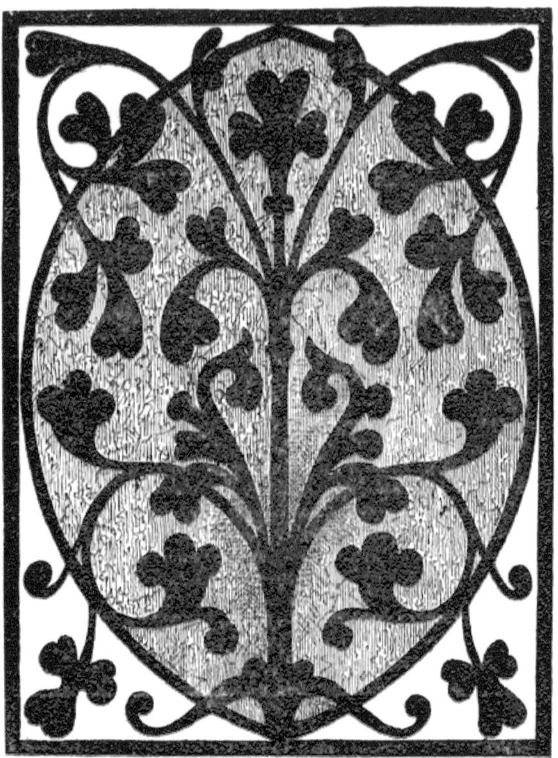

Figure 54. SCULPTURE INCISÉE.

Choisissez un motif simple, votre objectif étant d'apprendre à couper et non de produire quelque chose de surprenant au premier effort. Si le bois est foncé, comme le noyer américain, marquez le motif avec la molette ou le point, Fig. 54 . Si l'élève n'a pas une vue parfaite ou s'attend à sculpter la nuit, il est conseillé de tracer cette ligne de points avec un pinceau en poil de chameau très fin et du blanc de Chine. Cela évite de nombreuses erreurs. Prenez, pour commencer, une petite gouge, d'un peu moins de diamètre que la tige à couper, et passez-la le long du trait. Lorsque vous coupez des feuilles, avancez progressivement vers le centre . Prenez ensuite une gouge plus grosse et finissez les tiges.

Gardez près de vous un morceau d'argile ou de mastic, ou du pain pétri humide, et prenez de temps en temps une impression de votre ouvrage. Ceci est important, car la véritable excellence de la taille-douce réside dans le fait qu'elle ressemble exactement à une sculpture en relief inversée. De cette façon, vous percevrez immédiatement, sans instructions particulières, quels outils utiliser dans votre travail.

Fig. 55. BORDURE INCISÉE : CENTRE EN BAS RELIEF.

La figure 55 est un exemple assez avancé de cette classe de sculpture. L'ensemble du feuillage est coupé en cavo reliefo, ou cavités, avec des gouges et des ciseaux, à la fois droits et courbés, et les lignes dessus avec des outils en V courbés. Le canard au centre peut être en bas-relief ordinaire, pour donner un contraste efficace.

Il y a une autre raison pour laquelle vous apprenez ainsi à rendre votre travail parfait. Si vous sculptez dans du bois dur, vous pouvez toujours utiliser un morceau de sculpture coulé ou en taille-douce pour un moule . Quand c'est fini, prenez un morceau de cuir roux, trempez-le dans l'eau jusqu'à ce qu'il soit bien mou, pressez-le avec vos doigts et une éponge pendant quelque temps avec beaucoup de soin dans le moule , puis retirez-le. Si votre bois est bien coupé, le cuir une fois sec sera tout aussi attrayant que la sculpture elle-même et pourra être utilisé de nombreuses façons. Le bois ne sera pas du tout blessé si vous l'essuyez après avoir pris l'empreinte. Avec de tels moules des moulages *en papier mâché* peuvent également être réalisés. J'ai maintenant devant moi un beau spécimen d'ouvrage byzantin ancien réalisé de cette manière.

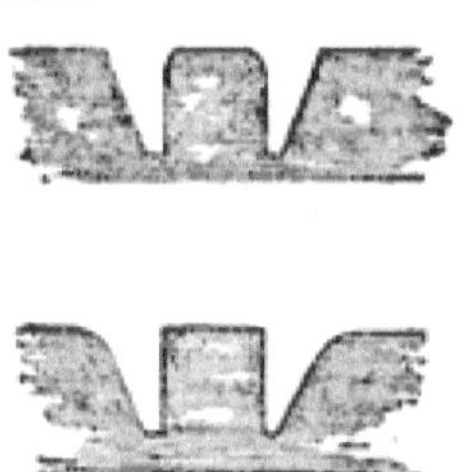

Coupe égyptienne.

Il existe un type particulier de gravure en taille-douce que l'on peut appeler égyptienne, car les anciens Égyptiens l'utilisaient très largement sur leurs monuments. Cela consistait à découper le contour d'une figure de la manière suivante. À l' *extérieur* , le sculpteur a découpé perpendiculairement, tandis que le motif intérieur n'a pas été découpé, mais ses bords ont seulement été arrondis.

Le résultat de cette rainure ou coupe particulière, droite d'un côté et arrondie ou courbée de l'autre, était un relief et une ombre très forts. Il s'agissait en fait d'une simple combinaison de reliefs et de sculptures incisées ou cavo , grâce auxquelles un fort relief était obtenu avec peu de travail. L'objectif principal était de rendre l'inscription solide et durable, et en même temps très lisible. Le principe, comme je l'ai montré, est tout à fait applicable à l'ornement et nécessite beaucoup moins de travail que même la sculpture en taille-douce. C'est quelque chose de plus, en fait bien plus, qu'un simple dessin, et cela s'applique particulièrement à la décoration murale ou murale.

La sculpture incisée est souvent grandement améliorée en étant peinte et parfois vernie. C'est-à-dire que la partie enfoncée est ainsi colorée . J'ai vu du blanc et du vermillon utilisés avec bon effet, mais le noir et le marron foncé sont généralement préférés. La dorure paraît particulièrement riche lorsqu'elle est ainsi appliquée en creux, car l'ombre lui donne un ton fin.

Bien que l'imitation des gravures ne soit pas du ressort de la sculpture sur bois, il existe cependant un art très joli et facile par lequel le dessin et la peinture se combinent très ingénieusement avec une sorte de sculpture. Prenez un panneau de bois ferme de couleur claire couleur , bien rabotée et polie. Dessinez dessus n'importe quel motif, voire un animal ou des figures humaines. Incisez les lignes principales avec un outil en V ou, selon sa taille, de petites gouges peuvent être utilisées. Pour les lignes fines et les ombres, un traceur ou tout autre point à indenter, pas assez pointu au point de rayer ; c'est une question de grande importance ; et le bois, qui, si possible, doit être du buis, du sycomore, du hêtre ou du houx, doit être adapté ou préparé pour prendre une marque sans se briser. Lorsque toutes les lignes sont bien tracées, prenez un crayon Fitch miniature et remplissez chaque ligne de couleur , en prenant soin de ne pas laisser la peinture s'étendre au-delà des lignes. Différentes couleurs peuvent être utilisées. Il ne s'agit pas du tout de sculpture sur bois, mais, entre des mains habiles , elle produit des effets magnifiques et remarquables. Il est en effet très efficace lorsqu'il est appliqué sur le cuir. Comme la couleur est *enfoncée* dans les traits, elle est bien protégée ; ce genre d'ornementation est donc bien adapté aux couvertures de livres. Je l'ai appliqué avec succès sur des panneaux de carton épais préparés pour que les artistes puissent peindre à l'huile.

Comme je l'ai dit, la découpe incisée sera utile aux ouvriers du cuir, du papier mâché , de l'argile ou du plâtre de Paris, car grâce à elle ils peuvent faire des moules . Un autre type de moule est réalisé de la manière suivante : Découpez à la scie le contour du motif dans un morceau de carton suffisamment épais pour donner la profondeur requise. Collez ensuite la planche perforée sur une autre planche, les surfaces des deux étant bien entendu d'abord rabotées et lissées. Cela donne le moule à l'état brut. Remplissez ensuite les angles des creux avec une composition d'argile et d'ensimage, ou de mastic, ou de riz et de chaux avec du blanc d'œuf, ou tout autre ciment approprié, et pendant qu'il est mou, façonnez-le avec les doigts et les outils aux détails du modèle requis. Une fois parfaitement sec, repassez-le soigneusement, prenez des épreuves ici et là avec du mastic, et corrigez avec des limes pliées. Ensuite, lissez-le là où il est un peu rugueux, huilez le tout et réalisez votre plâtre.

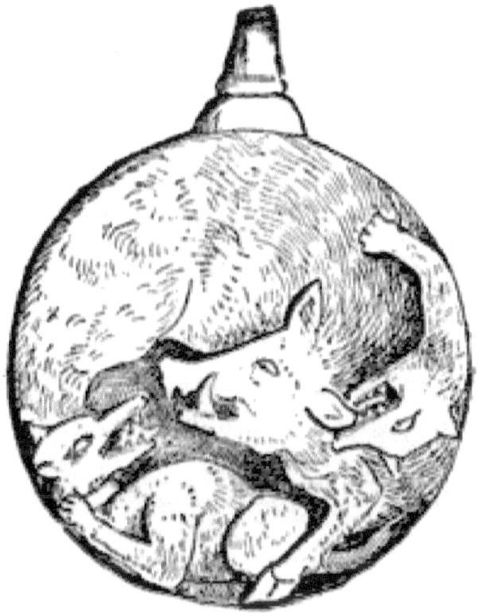

FLACON DE POUDRE DE BUIS. VIEIL ALLEMAND.

QUINZIÈME LEÇON.

SCULPTURE DE SURFACES COURBÉES : NOIX DE CACAO, BOLS, CORNES, FÛTS, CUVES, ETC.

SCULPTER des surfaces concaves ou convexes, telles que l'extérieur d'une corne ou l'intérieur d'un bol, est souvent un travail très difficile, et même si un artiste ingénieux trouvera facilement par lui-même un moyen de surmonter de telles difficultés, il est bon de savoir immédiatement comment le travail peut être fait.

CORNES. La première difficulté est de fixer l'objet de manière à le découper. Un débutant qui entreprend de sculpter un objet aussi dur, glissant et ingérable qu'une corne, s'il le tient d'une main pendant qu'il sculpte de l'autre, endommagera inévitablement son modèle ou se blessera. Il est très dangereux de tenir l'ouvrage dans une main ou entre les genoux. Une façon de sécuriser un tel objet est de prendre une planche, d'y clouer des traverses au-dessus des extrémités de la corne, de manière à ce qu'une partie puisse être exposée sur laquelle travailler, et de cette manière on puisse couper en toute sécurité. Encore une fois, des attaches et des pinces peuvent être utilisées, mais il faut faire très attention à ce qu'elles ne glissent pas lorsqu'une pression trop forte est exercée sur elles. Un très bon moyen de maintenir la corne ferme est d'avoir un morceau de bois fixé à la table, dans lequel il y a un trou dans lequel s'insère la petite extrémité de la corne, tandis que la crosse repose et est fixée sur la table. Après l'avoir fixé, tracez le motif avec un outil en V ou une très petite gouge à grain, puis découpez le fond au quart de plat, et enfin avec des gouges plates. La lime courbée peut être utilisée librement pour un cor, et elle sera nécessaire dans de nombreux endroits. Une fois bosté , terminez par un toucher soigneux ou des limes fines et du papier de verre.

Si vous souhaitez colorer la corne, sélectionnez-en une principalement blanche. Prenez une solution de nitrate d'argent, que n'importe quel chimiste vous préparera. Faites très attention à la façon dont vous le manipulez, car il brûlera les vêtements, les tapis ou la chair, et au moins tachera vos doigts pendant longtemps. Avec un *pinceau en verre*, si vous pouvez vous en procurer, sinon avec une pointe en verre, ou un stylo, ou une pointe en agate, ou de la cire, appliquez soigneusement l'acide sur le motif. Si vous utilisez du bois à cet effet, il répondra, mais il sera très vite consommé par l'acide. Cela fera une tache jaune, ou brune, ou parfois noire, selon la force de la solution, le nombre de fois qu'elle est appliquée et la dureté de la corne. Lorsque la corne est recouverte de couches, ou d'un grand nombre de petites figures, ou d'un dessin serré, alors mettez toujours de l'acide dans les creux et laissez le dessin en blanc. Un colorant noir pour la corne, ainsi que pour le métal, est obtenu en combinant de l'ammoniac et du soufre . C'est très malodorant, mais efficace. N'importe quel pharmacien le fabriquera, et préparera également pour vous les teintures utilisées pour l'ivoire et la corne. Il est préférable et moins coûteux pour l'amateur de les acheter que d'essayer de les fabriquer lui-même. Dans la plupart des cas, le noir et le marron sont les meilleures couleurs à utiliser.

Si une corne est bouillie dans de l'eau chaude ou cuite à la vapeur, elle deviendra si molle qu'elle risque d'être aplatie. Il est alors très facile de le sculpter. L'auteur a en sa possession deux cors italiens très anciens et singulièrement ornés qui ont été ainsi façonnés. La corne, lorsqu'elle est traitée avec de la chaux vive et de l'eau chaude, peut être réduite en une pâte qui peut prendre n'importe quelle forme comme un ciment ou un plâtre. Il redevient dur dans l'eau froide. Toutes les vieilles cornes n'étaient pas utilisées pour la poudre à canon ; beaucoup d'entre eux étaient destinés au vin ou à d'autres liqueurs ; d'autres servaient au soufflage ; ils font tous des ornements efficaces. Les cornes sculptées sont de beaux ornements lorsqu'elles sont suspendues à l'aide d'un cordon et de pompons. Je les ai rendus très jolis en dorant les motifs en relief dessus.

Pour sculpter un bol. L'extérieur d'un bol ne présente aucune difficulté particulière, s'il est bien serré. Il peut être fixé avec des blocs et des clous, ou des vis. Mais l' *intérieur* est plus difficile à atteindre et beaucoup plus difficile à découper. Bien entendu, cela se fait principalement avec des gouges et des ciseaux courbés. Cela demande soin et patience en cas de problèmes particuliers. J'ai cependant réussi facilement à user ou à gaspiller le sol par le procédé qui sera décrit dans la sculpture des noix de coco. Les bols en bois, bien adaptés à la sculpture, peuvent être achetés à bas prix dans les magasins d'articles de maison. Ils sont du genre utilisé dans toutes les cuisines. Ils peuvent être montés sur des bases, comme n'importe quel tourneur peut en fabriquer, sur lesquelles le bol doit être fixé avec une vis et de la colle. Les bols peuvent être colorés ou dorés comme des cornes. Ils sont très utiles à de nombreuses fins, principalement pour contenir des cartes de visiteurs ou d'autres petits objets sur la table d'écriture, de travail ou de toilette.

Noix de cacao. Si elle doit être utilisée comme coupe, commencez par scier l'extrémité sur laquelle se trouve le « visage de singe », ou autant que cela est souhaitable. Parfois, la noix entière est laissée pour être suspendue comme amulette, ornement ou charme, comme les œufs d'autruche sont suspendus en Orient. Ensuite, nettoyez-le en douceur avec une grande râpe jusqu'à ce qu'il soit apte à sculpter. Dessinez le motif dessus avec du blanc chinois, pour qu'il n'y ait pas d'erreurs. Fixez ensuite l'écrou à la planche ou à la table, comme pour le bol (*voir* p. 100).

Le sol peut, avec de la patience, être creusé avec des rainures plates, et, avec de la pratique, cela devient vraiment facile et plus rapide qu'on ne le supposerait au premier abord. Ou bien cela peut être fait principalement avec des fichiers. Mais la manière la plus rapide de travailler est celle d'une « coupe » qui est décrite comme suit par le général Seaton, qui la limite cependant à une simple décoration d'un sol.

« Il existe une espèce d'ornement très utile pour la courbure des branches, et qui se voit dans les consoles sculptées en Suisse. Cela peut être appelé motif ou ornement en *zigzag*. Il est destiné à représenter les fissures croisées et les marques que l'on voit dans l'écorce de certains arbres au bout des branches. Cela se fait avec une gouge plate ou en quart de rond, la main se balançant d'un côté à l'autre, et en même temps avançant par pas alternés chaque coin de l'outil.

〰〰〰

C'est-à-dire, placez l'outil de haut en bas et faites- le *basculer* d'un côté à l'autre, et il faudra peu de pratique pour l'apprendre. Mais pour l'utiliser, non pas pour l'ornement, mais pour couper, ou plutôt creuser, un *burin* ou un burin vaut mieux qu'une gouge ; il n'est pas non plus nécessaire d'être très pointilleux sur l'aspect des marques réalisées, car elles sont toutes, en fin de compte, à découper ou à lisser. Basculez de haut en bas avec le plus ferme, en appuyant un peu plus à plat que si l'objet ne faisait que tracer des lignes, ou de manière à gratter une partie du sol. Puis, depuis une autre direction, parcourez ce sol en creusant et en grattant à nouveau. De cette manière, une coquille peut être démontée rapidement, et grâce à elle, on peut travailler au fond d'un bol lorsque même les outils courbés sont de peu ou pas d'utilité. Lorsque tout le sol est creusé par ce procédé, il peut être facilement lissé avec des limes ou des outils de sculpture. Les boutures de coques de noix de coco, ou les déchets, peuvent être conservés, et lorsqu'ils sont réduits en une fine poudre et mélangés avec de la colle, ils constituent un ciment admirable pour réparer le noyer ou d'autres ouvrages en bois sombre.

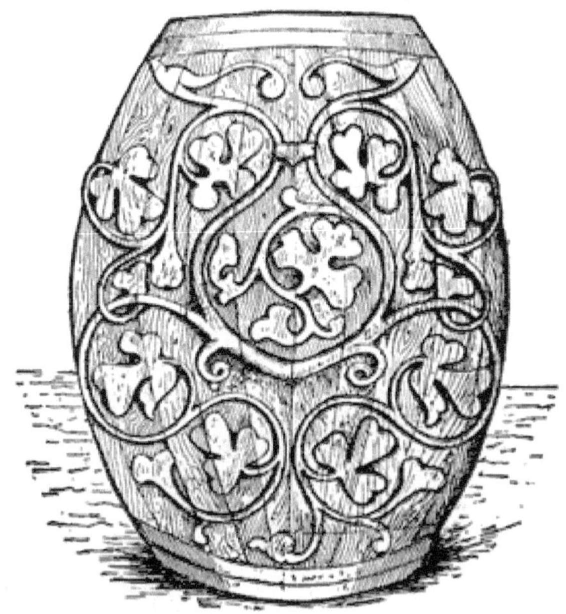

Figure 56.

FÛTS. Un tonneau sculpté est un objet admirable pour les vieux papiers, ou pour contenir des cannes et des parapluies, fig. 56 . Il doit être en bois d'au moins un pouce d'épaisseur. S'il est maintenu ensemble par de larges cerceaux en laiton ou en cuivre, il sera beaucoup plus beau. Un seau ou un seau peut être sculpté de la même manière ; et lorsqu'on *applique* des têtes de lions ou d'autres ornements sculptés , on s'aperçoit qu'un objet très ornemental peut être fabriqué avec peu de peine ou de dépenses. Il est plus facile de sculpter des tonneaux, des fûts, des seaux ou des sapins, de haut en bas, ou dans une position perpendiculaire, et de se tenir debout pendant son travail, comme un vrai sculpteur est sûr de faire à la fin tout son travail.

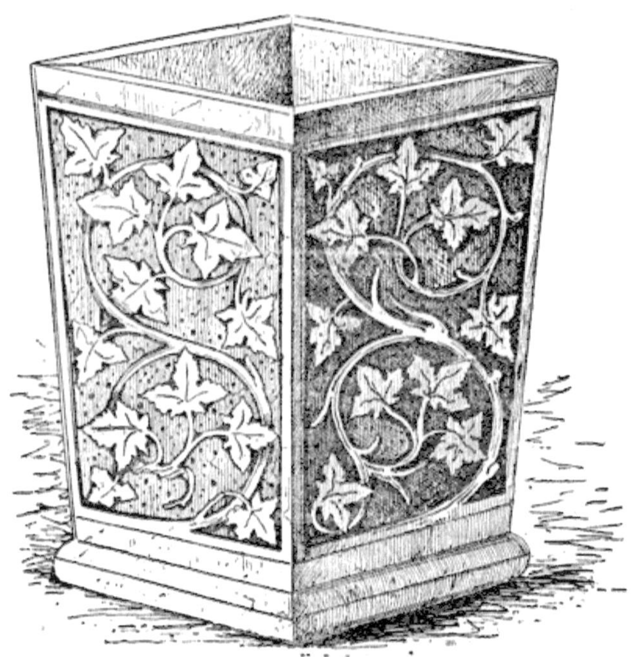

Figure 57.

Chopes et boîtes à vieux papiers. Les chopes, si elles sont petites, peuvent être tournées en bois massif, mais, lorsqu'elles sont grandes, il est préférable de les faire fabriquer par le tonnelier, en plusieurs pièces, et cerclées de métal. Pour faire le dessin de tous ces objets cylindriques, prenez un morceau de papier qui fera *exactement* le tour ou correspondra à la surface, et assurez-vous de rendre le motif continu, c'est-à-dire sans coupures, à moins qu'il ne soit dessiné en divisions. Les mesures en bois, comme celles qu'utilisent les marchands de noix, de fruits, etc., sont bien adaptées à la sculpture des chopes. Ils peuvent être achetés dans les magasins d'ameublement général.

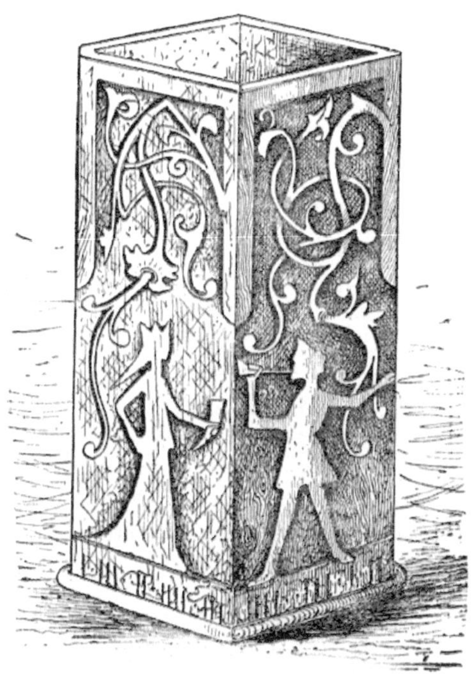

Figure 58.

Les vieux Irlandais, et parfois les Danois, fabriquaient une sorte de chope grossière, fig. 58 , en fixant ensemble avec des clous, de la colle ou des vis quatre morceaux de panneau de chêne ou de planche mince. C'était comme boire dans une boîte. C'est un réceptacle utile à de nombreuses fins.

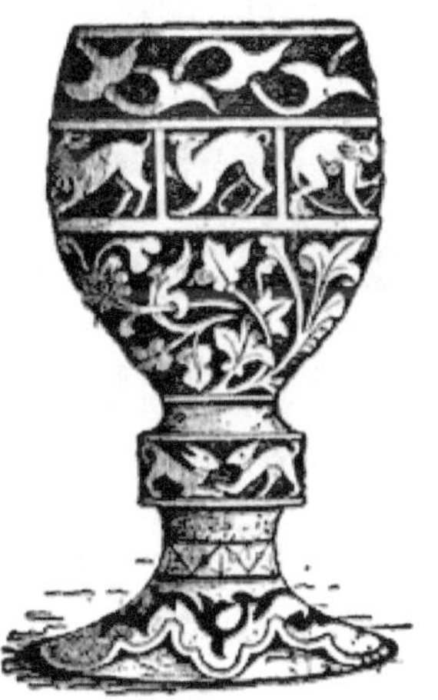

GOBELET À LA NOIX DE CACAO.

SEIZIÈME LEÇON.

Patrons, boutons, barres et ornements polis.

IL y a plusieurs petits effets d'ornement que le sculpteur doit étudier avec soin ; ils sont généralement applicables à la plupart des types d'art décoratif. Le premier d'entre eux est l'emploi de bossages ou de boutons, certains laissés bruts et d'autres sculptés, hémisphériques ou moins. Ils peuvent être presque plats, mais ils sont toujours lisses au bord et polis. Ils furent très largement utilisés dans les premiers travaux de sculpture et de métallurgie, et le lecteur pourra en voir de nombreuses illustrations dans les œuvres de Hulme. Parfois, le bouton devient une petite tache ou un simple point, utilisé pour introduire de la lumière dans un fond sombre. La théorie pratique est que le bouton représente la tête simple ou ornementale d'un clou utilisé pour maintenir l'œuvre au mur, ou les rivets d' armure , que les Goths ont transférés des cottes de mailles au lin et à la laine . Mais la vraie raison est d'introduire des points de lumière.

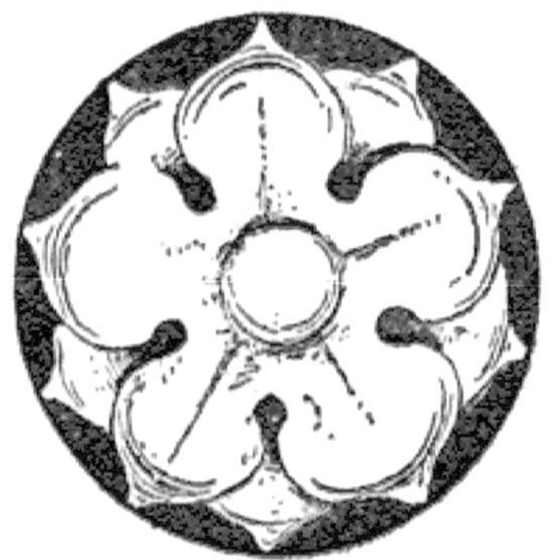

Figure 59.

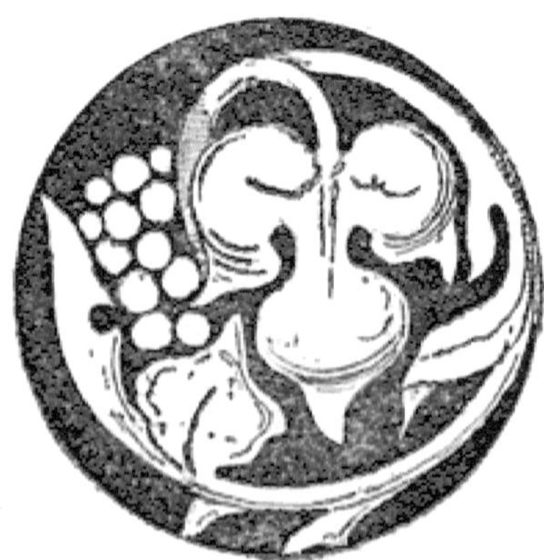

Figure 60.

Les boutons ou les bossages peuvent être placés partout où il y a de grands espaces entre les motifs. La règle pour les employer est soit de quelques gros points, soit de plusieurs petits points ; ils doivent cependant être utilisés avec parcimonie. Le principe de leur introduction est d'une très large extension. Ainsi, dans toutes sortes de travaux, notamment ceux du métal, les raisins, les melons et autres fruits ne sont introduits que pour que, par leur rondeur et leur poli, ils puissent faire des points de lumière ou des « brillants ». Les anciens ouvrages en relief sur le cuir et sur le bois doivent souvent leur principale beauté au poli que le temps et l'usage ont donné aux reliefs. Bien entendu, l'emploi des « brillants » ou patrons, et de toutes sortes de reliefs lisses et polis, devrait, en règle générale, être parcimonieux, subordonné et judicieux.

Néanmoins, dans certains types de travaux, en particulier dans la plupart des sculptures à plat, qui sont destinées à simplement orner une surface, sans grande dépense de travail , tout comme pourraient le faire les carreaux ou la tapisserie, les tiges et les parties des feuilles, ou parfois toutes le motif peut être poli aussi haut que possible, de manière à faire un relief sur le fond sombre. Les sols sont piqués, poinçonnés ou pointillés pour les assombrir, et lorsque l'huile pénètre dans les trous, ils deviennent définitivement plus foncés. Le modèle doit donc être contrasté ; et lorsque l'objet n'est autre chose que de produire un effet décoratif général, non pas parfaitement fini, mais comme une esquisse, il peut être poli.

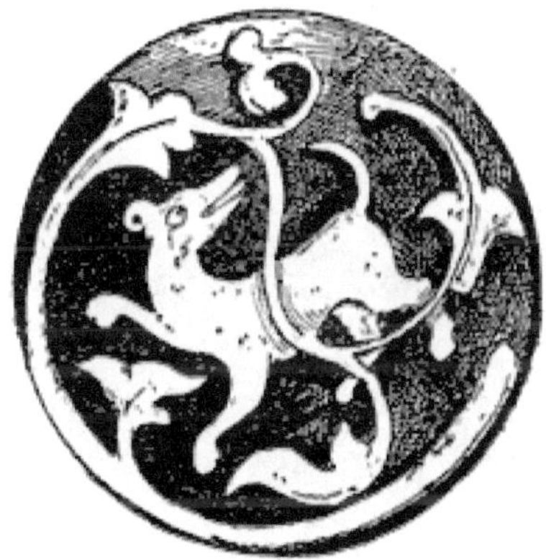

Figure 61.

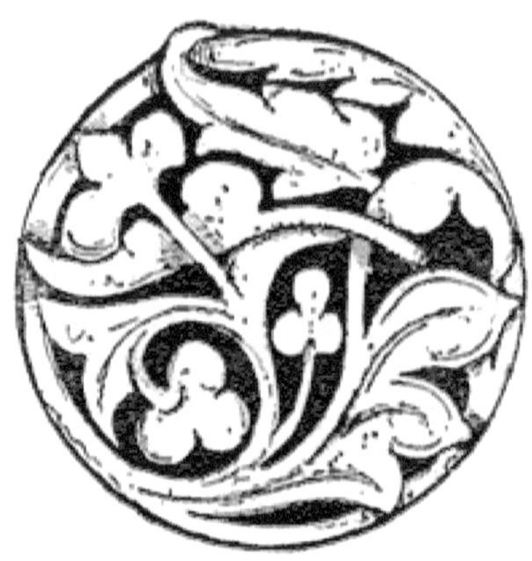

Figure 62.

Il y a un autre effet curieux donné en croisant le motif seul, ou le fond seul, avec des barres, des lignes ou des rayures. C'était très courant à une époque. En sculpture, il peut être réalisé avec une petite gouge ou flûte ; bien qu'il ne soit pas naturel, sauf lorsqu'il est représenté en lignes longues et courtes pour représenter le grain du bois, il a un bon effet simplement parce qu'il répartit l'ombre uniformément. Il est probablement dérivé de l'effet des « nervures » des tissus, très admirées par les peintres vénitiens.

Les poignées de porte sont effectivement des bossages, c'est-à-dire que la même ornementation peut être appliquée aux deux, comme aux poignées des bureaux, des armoires et autres meubles. Figues. 59 à 62 donneront à l'élève quelques exemples et idées pour sculpter des boutons et des bossages.

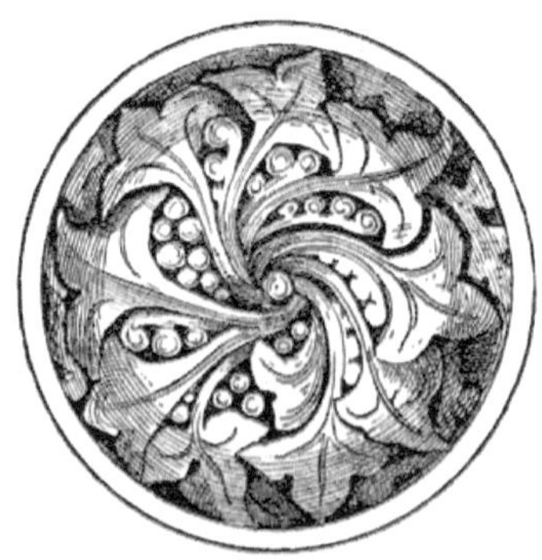

DIX-SEPTIÈME LEÇON.

POUR RÉPARER LA SCULPTURE SUR BOIS – COLLE – COLLE D'ACIDE NITRIQUE – PRÉPARER LE BOIS POURRI – BOIS ARTIFICIEL – CHARGES – PULVÉRISATION – POUR FAIRE « PRENDRE » LA COLLE.

IL arrive parfois à un sculpteur que, à cause d'un mauvais bois ou d'une inadvertance, il se fende ou casse une pièce de son œuvre. Dans ce cas il doit avoir recours à de la colle. Celui-ci doit être de la meilleure qualité, parfaitement léger et propre. La colle est fabriquée dans ce que les alchimistes appelaient un *balneum mariæ*, c'est-à-dire dans un récipient contenant de l'eau chaude, à l'intérieur duquel se trouve un récipient plus petit. La colle, qui se trouve dans le pot intérieur, doit donc être bouillie par la chaleur de l'eau tiède, et non directement par le feu. Avant de le mettre à ébullition, cassez-le en très petits morceaux, par exemple de la taille d'une noisette, et laissez-le reposer dans l'eau froide pendant douze heures. Ce sera maintenant comme une gelée épaisse. Videz toute l'eau non absorbée et mettez la gelée dans le pot intérieur, remplissez l'extérieur d'eau et laissez bouillir jusqu'à ce que la colle ressemble à une crème épaisse. Utilisez-le dans cet état.

Si vous ajoutez à la colle, alors qu'elle est encore liquide, un peu d'acide nitrique, disons environ une cuillère à thé pour une demi-pinte de colle, vous obtiendrez un ciment très supérieur, qui tient plus vite que la colle ordinaire, et est beaucoup moins sujet à se fissurer ou se fendre. Il sèche plus lentement, ce qui le rend très précieux pour le placage et pour les grandes surfaces, où la colle sèche souvent avant de pouvoir appliquer l'ensemble. De même, lorsqu'un article fixé avec de la colle ordinaire est détaché, il est souvent presque impossible de le recoller avec la même. Mais avec la colle acidulée c'est facile.

Le plus grand avantage de cette colle est que si elle est maintenue à l'abri de l'air, elle restera liquide pendant au moins un an et pourra être utilisée à froid. Ses inconvénients sont une odeur très piquante et peu agréable, et le fait que, une fois bouché, le bouchon est très certainement collé à la bouteille et nécessite d'être cassé pour le sortir, ce qui rend nécessaire un nouveau bouchon. Ceci peut toutefois être évité avec beaucoup de prudence. Incorporez l'acide dans la colle avec une tige ou un tube de verre.

Il peut arriver qu'on trouve un endroit pourri et cassé même dans le meilleur bois ; ou bien le sculpteur peut acquérir une pièce de sculpture ancienne, vermoulue et à moitié pourrie, et avec très peu d'habileté, de telles pièces peuvent être parfaitement réparées. Prenez un morceau de bois semblable et réduisez-le en fine sciure au moyen d'une râpe. Pour cela , le noyer américain et le vieux chêne foncé ou la coque de noix de coco, facilement pulvérisable dans un mortier, sont excellents. Faites-en une pâte avec de la colle et réparez avec elle les endroits cassés. Ceci, s'il est correctement fabriqué, ressemble tout à fait au bois lui-même et peut être moulé dans n'importe quelle forme. Il « s'empare » du sol et, une fois sec, il peut être limé pour devenir uniforme avec le reste. Il peut également être facilement découpé, découpé ou sculpté. S'il y a trop peu de colle, elle se cassera trop facilement, s'il y en a trop, elle sera trop brillante. Mais un bon mélange le rend assez semblable au bois.

Les rayures et les coupures fortuites peuvent être réparées simplement en les faisant fondre avec de l'eau chaude. Mais pour de si petits défauts, un *mastic* est utile. Il s'agit d'une sorte de peinture ou de ciment liquide dont le but est de boucher les pores de certains bois grossiers et d'en rendre la surface plus fine. La cire à presser, décrite dans le chapitre sur la réalisation des moules , est un agent de remplissage. D'autres sont fabriqués en mélangeant de la farine avec du vernis, etc. Tout revendeur de peintures et vernis fournira un enduit adapté à tout travail spécial.

Lorsqu'un morceau de bois est tellement délabré qu'il tombe en morceaux et ne peut même pas être manipulé, il peut être préservé et réhabilité par le processus suivant. Prenez de la colle fine et de l'eau, ou du mucilage, ou des encollages de toute sorte, et un *spray* , c'est-à-dire un de ces articles qui servent à vaporiser les parfums, etc., et qui sont en vente dans la plupart des pharmacies. Vaporisez ou saupoudrez la colle sur la figurine et, si nécessaire, jetez-y progressivement de la sciure de bois fine ou une autre poudre. En séchant, il peut être façonné et travaillé plus librement.

On lit continuellement dans les journaux l'ouverture de vieux tombeaux et d'anciennes grottes souterraines, dans lesquelles sont découverts des cadavres, des ossements, des vêtements, des instruments en os et en bois ou en cuir, ou même en terre cuite, qui tombèrent peu à peu en poussière en quelques heures. après avoir été exposé à l'air. Et je n'ai jamais connu de cas dans lequel ces objets n'auraient pas pu être conservés ; certainement tout ce que j'ai jamais vu aurait pu l'être. Il suffit d'en faire une fine couche, et de la pulvériser ou de l'asperger très progressivement sur les objets, de la laisser sécher, petit à petit. Il existe très peu de cas dans lesquels le spray ne peut pas être utilisé avec succès. C'est par l'application de ce principe que sir Joseph Hooker préserva les objets en ivoire apportés de Ninive par sir Austen H. Layard, et qui auraient péri sans lui. Il a conseillé de les faire bouillir dans de la gélatine . L'étudiant qui devient expert dans ce genre de réparations trouvera beaucoup à faire, et ce sera sa faute si cela n'est pas rentable. Dix-neuf personnes sur vingt n'ont pas la moindre idée de la mesure dans laquelle les réparations peuvent être effectuées. Il y a quelques années, un gentleman américain possédait un vase très curieux et précieux provenant de la pyramide de Cholula, au Mexique. Il était très fragile, étant fait de la terre cuite la plus fragile, et ayant été brisé en morceaux, le propriétaire était sur le point de le jeter, mais il me l'a donné. Quelques mois après, je l'ai réparé si parfaitement que l'observation la plus minutieuse ne pouvait y déceler aucun défaut. J'ai fait cela en fixant des morceaux de papier à l'intérieur avec de la gomme, en rassemblant ainsi progressivement les fragments bord à bord et en les fixant avec la colle acidulée. Quand tous étaient ensemble, il y avait bien sûr une doublure en papier. Là où il y avait un défaut ou un défaut à l'extérieur, je l'ai comblé avec du plâtre de Paris, j'ai frotté le tout et je l'ai coloré en frottant de la peinture. Ce processus aurait été beaucoup plus facile avec du bois pourri.

Lorsque vous collez du bois ordinaire ensemble, chauffez d'abord les deux pièces. Cela les rend plus enclins à « prendre » la colle. Parfois, il est difficile de les maintenir ensemble jusqu'à ce qu'ils « prennent », c'est-à-dire qu'ils adhèrent si fermement qu'ils tiennent. Pour cela, la pince, Fig. 7a , peut souvent être utilisée. Dans les autres cas, prenez deux morceaux de bois, placez-en un de chaque côté des pièces à coller et attachez-les fermement ensemble ; parfois, des pinces peuvent être utilisées pour relier les pièces de reliure, lorsqu'elles ne sont pas applicables à ce qui doit être collé. Des anneaux de caoutchouc indien résistants ou des bandes de papier gommé peuvent être utilisés dans certains cas. Mais avec la réflexion, l'ingéniosité peut généralement être éveillée de manière à aider quelqu'un à se sortir d'une telle difficulté.

Une ressemblance très parfaite avec le bois sculpté peut être obtenue en prenant de la poudre de noix de coco ou de la sciure fine et en la mélangeant avec la colle acidulée, de manière à obtenir une pâte comme nous l'avons déjà décrit. Puis, ayant préparé un moule , soit en plâtre de Paris, soit en bois coulé ou incisé, et l'huilant, on prend l'empreinte. Ces moulages, retouchés et recouverts de papier de verre, ressemblent beaucoup au bois et peuvent être utilisés pour la décoration de portes.

Voici également d'excellentes recettes de colle.

Colle liquide. Prenez trois parts de colle de qualité supérieure, placez-les dans huit parts d'eau et laissez-les tremper pendant quelques heures. Prenez une demi-partie d'acide chlorhydrique (acide muriatique), trois quarts de partie de sulfate de zinc, ajoutez-y la colle, et maintenez le tout à une température moyennement élevée jusqu'à ce qu'il soit fluide.

Ciment extrêmement résistant pour le verre et la porcelaine . Prenez de la gomme arabique et dissolvez-la dans de l'acide acétique au lieu de l'eau. Il faut le faire fondre dans un endroit assez chaud ; ce sera beaucoup plus fort si cela est fait. La meilleure qualité de feuille de gélatine permet d'obtenir une colle transparente.

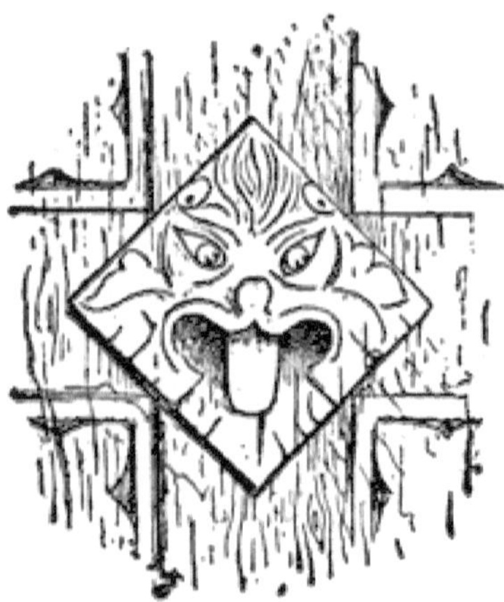

DIX-HUITIÈME LEÇON.

COLORATION DU BOIS—HUILAGE—SODA—TACHES ET COLORANTS—SURFACES IVOIRES—TEINTURES ET ENCRE NOIRES.

SCULPTÉ ou tout autre bois est souvent teint, teinté ou tonique. Parfois, cela est fait pour faire correspondre une pièce ou une pièce avec une autre ; ou bien ce peut être pour imiter l'effet du vieillissement, ou pour donner aux bois clairs une couleur qui les empêchera de présenter des défauts. Cela s'effectue de plusieurs manières.

L'huilage seul est une sorte de coloration , car tout bois huilé devient rapidement beaucoup plus foncé. Plus on frotte fréquemment avec un bâton de pin, plus la surface devient dure et foncée. J'ai vu des tables en noyer qui avaient été ainsi frottées avec un bâton ou une brosse dure, jusqu'à ce qu'une tasse de thé mouillée à l'extérieur avec de l'eau chaude ne laisse aucune trace sur elles. S'ils avaient été légèrement huilés, peints ou vernis, une tache indélébile aurait dû en résulter. Il faut veiller à ce que l'huile soit pure et qu'aucune *cire n'y* ait été bouillie. Une table recouverte de cire pour polir présentera toujours des marques ou des taches d'eau chaude.

La soude dissoute dans l'eau, et appliquée sur le chêne avec une éponge ou un pinceau, lui donnera une teinte plus foncée, qui pourra être accentuée par plusieurs applications. Le thé noir avec un peu d'alun est également utile, ainsi que le porter ou la bière, ainsi qu'une décoction de feuilles de noyer. En Amérique, le noyer cendré donne une teinture indélébile très riche. Il convient de noter soigneusement que lors de l'utilisation de ces couleurs, ou de toute autre couleur , les règles suivantes doivent être strictement respectées. I. Utilisez une éponge ou un pinceau et n'appliquez pas abondamment la teinture et ne la versez pas dessus, car vous courriez un grand risque de déformer le bois ou de le faire fendre. II. Il peut être conseillé de le faire sécher près d'un feu, mais dans ce cas, veillez à ce que la chaleur ne soit pas trop forte. III. Une fois sec, frottez le colorant avec un chiffon, un vieux journal doux ou une peau de chamois. Faites-le très soigneusement et ne soyez pas déçu s'il semble très léger et n'a pris que peu de colorant. Appliquez à nouveau le colorant en lui laissant suffisamment de temps pour sécher entre les couches. Bien entendu , cela dépend des colorants utilisés et du degré de couleur requis.

Les teintures de Stephens de différentes espèces, pour imiter toutes les espèces de bois, ou celles de *Mander* (Oxford Street, Londres), sont très bonnes et peuvent maintenant être achetées dans toutes les villes. En règle générale, la plupart de ces colorants sont très forts, et il est donc nécessaire de les diluer avec de l'eau et de faire plusieurs applications, au lieu d'appliquer toute leur force d'un coup. Le colorant dilué est soigneusement peint sur toute la surface avec un pinceau plat en poils de chameau, et un pinceau rond plus petit est utilisé dans les coins et les petits renfoncements. Après avoir utilisé les teintures et lorsqu'il est parfaitement sec, le bois doit être huilé.

Ammoniac. Le bois, et particulièrement le chêne, peut non seulement être teint d'une couleur très foncée et riche , donnant l'effet de l'âge, en le lavant soigneusement avec de l'ammoniaque ou de l'alcool de bois de cerf, puis en l'exposant pendant quelque temps dans une cheminée, ou autrement au soleil. vapeurs de fumée, surtout celles d'un feu de bois si cela est possible. Selon Rowe, l'alcool fort d'ammoniac peut être placé dans un récipient ouvert puis enfermé avec le panneau dans une chambre ou une boîte hermétique, le bois s'assombrissant en fonction du temps qu'il y reste. L'ammoniac devra peut-être être renouvelé, car il s'évapore rapidement. Pour les petits travaux, un abat-jour en verre peut être utilisé, ou une boîte avec un couvercle en verre peut être fabriquée, et après que le panneau et la soucoupe d'ammoniaque aient été placés à l'intérieur, les crevasses peuvent être recouvertes de papier brun. Lorsque la profondeur de couleur visible à travers le verre est obtenue, le panneau peut être retiré. Le bois doit être placé de telle sorte que l'ammoniaque puisse passer tout autour des parties qui nécessitent un noircissement. Mais pour des usages ordinaires, il suffira amplement d'appliquer de l'ammoniaque forte avec un pinceau ou une éponge et de l'exposer à la fumée.

Ombre. La terre d'ombre en poudre commune, utilisée par les peintres en bâtiment, est de loin préférable à la teinture liquide brun suisse pour produire un aspect brun antique. Le colorant suisse est entièrement trop riche et uniforme, ce qui rend tout exactement pareil ou similaire au chocolat. Mais la terre d'ombre doit être correctement appliquée. Mélangez-le avec de la bière ou du porter; le café fort est également très bon ; et appliquez-le avec un pinceau. Une fois sec, frottez-le très soigneusement, nettoyez-le et appliquez-le à nouveau. S'il est désirable de rendre le bois très foncé, ajoutez du noir de fumée à la teinture, en mélangeant et en secouant très soigneusement. Mais que les premières applications soient toujours de l'ombre seule. En ajoutant du noir de fumée, on peut assombrir le bois presque jusqu'au noir, et si cela est fait très soigneusement, sans précipitation, et exposé de temps en temps à la fumée dans un endroit chaud, une couleur sans pareille peut ainsi être donnée.

Peinture. Le bois destiné à être exposé à l'air doit bien entendu être peint de la manière habituelle. Mais il existe une autre méthode d'application de la peinture à l'huile qui n'est pas si généralement connue ni pratiquée , mais qui donne pourtant de très bons résultats. Cela consiste à *frotter de* la peinture à la main sur du bois ou sur du plâtre de Paris, du papier mâché ou de la pierre. Comme elle est beaucoup plus fine que celle appliquée au pinceau, elle apparaît plutôt comme une couleur innée ou naturelle . C'était la peinture au doigt des anciens artistes vénitiens. L'aspect ainsi produit, lorsqu'il est habilement réalisé, est en effet très différent de celui d'une couche de peinture ordinaire et, dans la plupart des cas , il est beaucoup plus attrayant.

Ivoire . Prenez un panneau, le motif peut être sculpté, ou même réalisé dans le relief le plus bas en indentant simplement le contour avec une roue ou un traceur. Cependant, n'importe quel degré de soulagement fera tout aussi bien l'affaire. Appliquez une couche épaisse de vernis copal ordinaire. Une fois parfaitement sec, lissez-le avec du verre le plus fin ou du papier émeri. Appliquez ensuite la peinture ; deux ou trois couches valent mieux qu'une. Veiller à ce que le dernier soit parfaitement lisse. Travaillez ensuite sur la surface sèche avec un traceur et des tampons, comme vous le feriez sur du bois ou du laiton. Une fois terminé, prenez un très petit pinceau Fitch et peignez en brun Vandyke tous les points, lignes, rayures et irrégularités. Laissez une ligne brune foncée près du contour du motif. Parfois, tout le sol peut être *frotté* de brun, laissant apparaître ici et là une indication ou quelques points de blanc jaune. Une fois sec, appliquer deux couches de vernis de retouche (celui de Söhnee Frères, n° 19, rue des Filles du Calvaire , Paris, est spécialement adapté à ce travail). En utilisant des verts olive, foncés et clairs, on peut ainsi obtenir une belle imitation du bronze. En fait, en étudiant les effets de la couleur sur de nombreux types d'objets anciens, nous pouvons obtenir des indices permettant de transformer des sculptures sur bois très ordinaires en de beaux objets.

Le bichromate de potasse , dilué avec de l'eau jusqu'à la teinte désirée, est une bonne teinture foncée, mais il faut faire très attention à ne pas en renverser une goutte sur les vêtements, ni à la mettre dans les mains, ni même à en inhaler les vapeurs. car c'est un poison. Appliquez-le avec un pinceau.

Colorants noirs. Ces dernières années, les teintures noires ont été tellement améliorées que l'ébène est imité avec le houx, le caryer et le hêtre, à la perfection absolue. La meilleure façon pour le sculpteur, en ce qui concerne ces colorants et toutes sortes de colorants, comme le rouge, le jaune, le vert, etc., est d'aller chez un pharmacien ou un coloriste, qui les obtiendra pour lui. Pour le noir, les recettes suivantes peuvent être utilisées.

JE.

vinaigre blanc   1 pinte.

Limaille de fer	2 onces.
Antimoine (en poudre)	2 onces.
Vitriol	1 once.
Logwood	3 onces.

Faites-le tremper dans une bouteille bouchée pendant huit jours.

II.

| Noix de galle grossièrement cassées | 2 onces. |
| Eau de pluie | 1 litre. |

Réduire à la moitié. (*Siéton.*)

Pour teindre le bois, appliquez d'abord le n° II., lorsqu'il est presque sec, mettez le n° I. puis le n° II. encore. Le lecteur comprendra qu'il s'agit en réalité d'encre et, en fait, s'il ne peut pas tacher, une bonne encre commune appliquée plusieurs fois et bien séchée fera tout aussi bien l'affaire. Après qu'il ait été soigneusement appliqué et bien sec, huilez la surface et frottez-la bien, et vous constaterez qu'elle ne s'enlèvera pas après une application occasionnelle d'eau. Certaines des encres d'écriture actuellement fabriquées sont d'un noir intense et presque indélébiles.

DIX-NEUVIÈME LEÇON.

FABRICATION DE MOULES OU DE PRESSES POUR SCULPTEUR SUR BOIS.

IL apparaîtra bientôt à tout sculpteur sur bois qu'il est plus facile de copier d'après un modèle que d'après un dessin, et que cette facilité est bien accrue lorsqu'il a réalisé lui-même ce modèle en argile. Cependant, il est également très conseillé qu'il s'exerce également, après un certain temps, à sculpter à partir de dessins et de croquis, car cela en soi confère une grande habileté et une grande précision de perception. Mais très souvent il aura besoin ou désirera avoir des copies de sculptures ou de moulages, et il pourra les obtenir facilement, si le relief n'est pas trop grand ou l'objet trop grand. C'est ce qu'on appelle « prendre une pression » et cela peut se faire de deux manières. Tout d'abord, au moyen de cire à presser ou à modeler, vendue par les marchands de matériel d'artiste. L'emploi de celui-ci et le moulage en plâtre de Paris sont cependant généralement fastidieux pour les débutants en sculpture. À toutes fins pratiques, il suffit de presser du papier.

Le papier se serre. Prenez n'importe quel morceau de papier journal doux. Huilez le moulage en bois ou en plâtre que vous souhaitez copier ; trempez-le, puis appuyez sur le papier et, avec vos doigts et une éponge ou un pinceau très dur, enfoncez-le et pressez-le dans tous les recoins de l'original. Si cela est fait *minutieusement* , la partie la plus difficile du travail est accomplie. Donnez maintenant au papier un pinceau de pâte de farine ou de gomme ou de mucilage, ou de pâte renforcée avec de la colle, et appuyez sur de nouveaux morceaux de papier. Pour simplement copier l'original, quelques épaisseurs suffiront. Retirez le produit et laissez-le sécher ; si nécessaire, retouchez-le avec de la couleur . Pour cela, la première couche doit être en papier *blanc* . Pour faire un moulage, continuez à ajouter du papier jusqu'à ce que le tout ait au moins un demi-pouce d'épaisseur. Appuyez dessus aussi fort que possible tout en formant le moule . Lorsqu'il est sec, vous pouvez peindre ou frotter l'intérieur avec n'importe quelle poudre sèche, comme du merlan, ou le vernir, puis faire un moulage avec le même matériau, c'est-à-dire du papier et de la pâte, ou avec du plâtre de Paris. Les moulages en papier mâché , frottés à la main avec de la peinture brune, forment de parfaits fac-similés de boiseries anciennes. Frottés avec des poudres de bronze, ils ressemblent à des métaux, ou bien ils peuvent être ivoires, par le procédé décrit dans le chapitre sur les teintures.

Les plâtres se brisent très facilement et sont lourds et difficiles à transporter. La cire se détériore presque au simple toucher et cède facilement à la chaleur. Le papier mâché , bien géré, avec un peu de pratique, donne un moule qui est égal à l'un ou l'autre pour toutes les surfaces sauf les plus minutieusement délicates. Une fois secs, ces plâtres peuvent être laissés tomber ou réellement lancés sans subir aucune blessure, et ils sont très portables. Il est très souvent possible de copier facilement un objet avec du papier alors que le plâtre ou la cire ne peuvent pas du tout être utilisés. La raison pour laquelle on ne l'utilise pas plus généralement, c'est que peu de personnes ont pris la peine de le traiter comme une matière plastique propre aux arts, ou y sont suffisamment exercées pour savoir ce qu'on peut réellement en faire. Le sculpteur sur bois devrait le faire, car il est très important pour lui de conserver des copies de ses œuvres ou de faire utiliser celles d'autrui dans ses créations. Avec un peu de pratique et sans frais, il peut réaliser de tels moulages dans un matériau presque aussi durable que le bois lui-même.

Dans les grandes manufactures de papier mâché , la pâte à papier est simplement mélangée à la pâte ou à l'encollage et introduite dans les moules en grandes masses, puis soumise à une pression. Lorsqu'une bonne surface est fixée avec du papier blanc fin, la grossièreté du papier pour le *support* n'a pas beaucoup d'importance . À cette fin, il peut être mélangé avec de l'étoupe ou des fibres de toute sorte, du plâtre ou de la sciure fine, etc., à condition que le *liant* ou l'encollage soit suffisamment solide pour maintenir le tout ensemble. Mais pour tous les usages ordinaires, des vieux papiers et de la pâte, épaissis avec de la colle commune, suffiront.

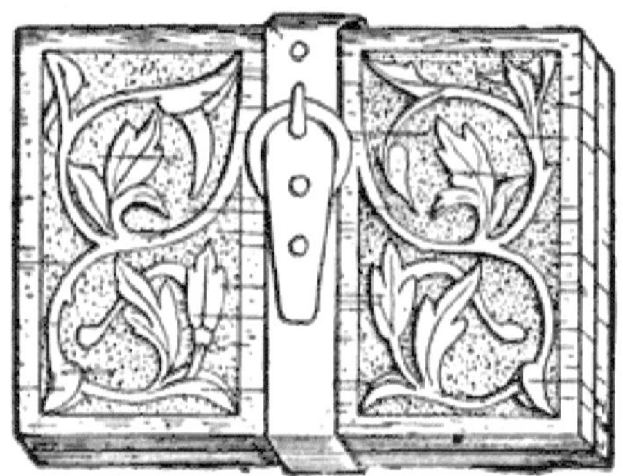

ÉTUI POUR PAPIERS OU MUSIQUE.

VINGTIÈME LEÇON.

COUPE PAR POINTS.

C'EST une manière d'ornementation qu'on peut difficilement appeler sculpture, et qui ne mériterait pas une mention spéciale si elle n'était pas si largement utilisée, car c'est la principale méthode de décoration dans toutes les îles du Pacifique, et encore largement pratiquée dans Suède et Norvège. Il se compose de petits triangles incisés, ou « diamants », réalisés avec un ciseau oblique ou ordinaire, disposés en rangées ou en lignes. Aussi simple que puisse paraître l'œuvre, elle est très efficace lorsqu'elle est utilisée artistiquement ; et il a cette particularité qu'aucun autre genre de coupe n'est aussi bien adapté, avec très peu de travail , pour soulager les surfaces planes, telles que les pagaies, les chopes, les cuillères, les massues de guerre et les pelles ou louches.

L'incision triangulaire est réalisée avec trois coupes ; en en ajoutant deux autres dans la direction opposée , nous faisons un diamant, ou ce dernier peut être produit en une seule fois avec seulement quatre tailles, fig. 63 . A ceux-ci, nous pouvons ajouter l'hémisphérique ou la coupe creuse, qui est réalisée à la gouge et qui, en Écosse du moins, semble avoir été le premier début préhistorique de l'ornementation des surfaces planes.

Lorsque ces triangles et ces losanges sont disposés en lignes avec goût et remplis d'une composition ou d'une peinture dont la couleur contraste avec celle du bois, l'effet est souvent excellent. Un mastic ordinaire, dans lequel un peu de mastic a été bien travaillé, ou du plâtre de Paris avec de l'enduit et un peu de pâte de farine, avec une goutte d'huile par once, constitue un bon enduit pour un tel usage. Cela peut être appliqué à n'importe quelle coupe incisée. Une garniture semblable à l'ivoire, qui peut être tachée de n'importe quelle couleur et qui était autrefois largement utilisée à Florence, est préparée avec du riz, de la chaux et de la taille.

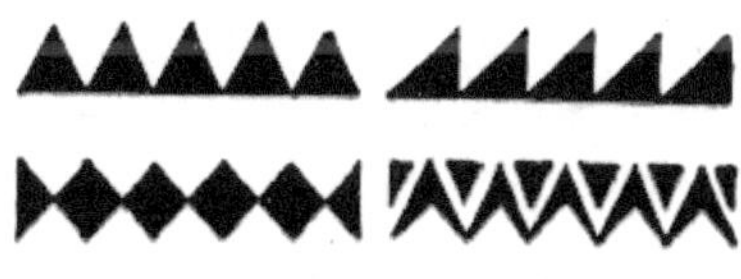

Tout motif pouvant être tracé en lignes peut être exécuté avec un bon effet dans des points triangulaires, la base de chaque point étant sur la ligne. Ils peuvent soit se rejoindre, soit être séparés ; les deux méthodes produisent un bon effet. Les taches peuvent être de toutes tailles et ne sont généralement pas plus grandes que celles du haut de l'illustration ci-dessus.

Bien entendu, on peut utiliser aussi bien des grands triangles que des petits. En raison de la facilité avec laquelle ces taches sont réalisées et du bon effet qu'elles produisent lorsqu'elles sont noircies, il n'est pas remarquable qu'une méthode aussi simple de décoration du bois soit largement pratiquée .

En plaçant une gouge verticalement et en la tournant, comme déjà mentionné, une cavité en forme de coupe est facilement découpée. Une rangée de ceux-ci est souvent très efficace.

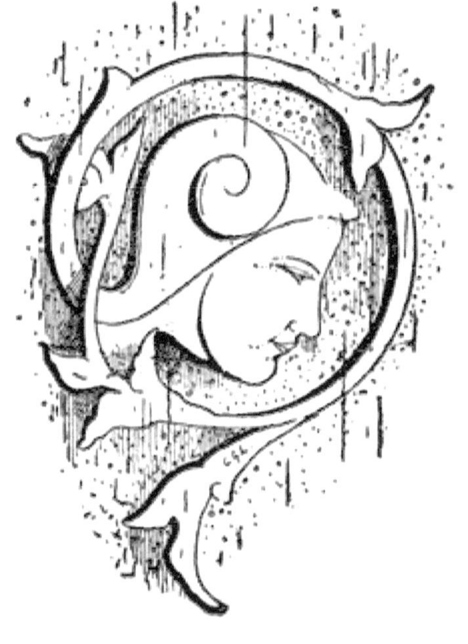

ANNEXE.

OBJETS POUR LA SCULPTURE SUR BOIS.

« La partie la plus difficile de la création est de savoir quoi faire. »

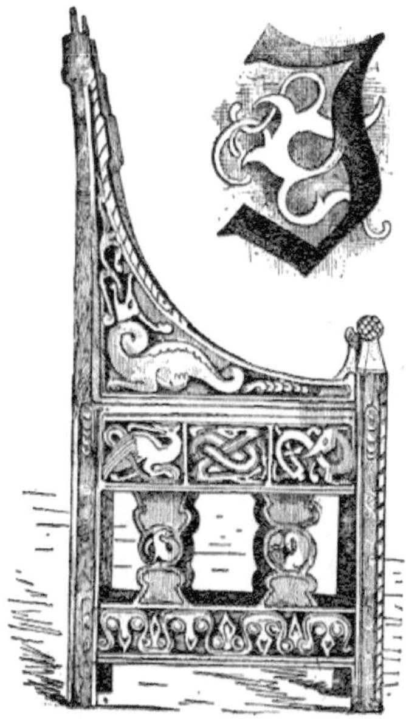

Figure 64.

EN aucun cas être à court de sujet à travailler. C'est pourtant la source de plainte la plus fréquente, notamment parmi les jeunes artistes, qui « ne savent pas quoi faire ». Il en résulte notamment la production fastidieuse de panneaux ou de « pièces fantaisies » sans objectif précis et une imitation constante du travail des uns et des autres. Malheureusement, nombreux sont ceux qui ne peuvent pas comprendre ou se faire une idée de ce à quoi ressemblerait un modèle une fois exécuté. Ils l'oublieront dans une gravure, mais quand ils le voient réellement sculpté et maquillé, ils l'apprécient. Or le précepteur doit apprendre aux élèves, et les élèves apprennent eux-mêmes, à penser des sujets, à les inventer, à les esquisser et à les exécuter. J'ai constaté que tous les ouvriers sont invariablement plus défectueux à cet égard qu'à tout autre, et que c'est un domaine dans lequel la direction de presque toutes les écoles d'art du monde soit laisse complètement à désirer, soit laisse beaucoup à désirer.

Les élèves devraient être encouragés à regarder chaque objet en vue de l'orner ou de le décorer, dans la mesure où cela peut être fait sans nuire à son utilité. Dans chaque école, une liste d'objets à sculpter devrait être accrochée et les ouvriers devraient être fréquemment invités à réfléchir aux sujets à ajouter à la liste ; des croquis de meubles et autres objets doivent être fournis. On ne comprend pas du tout que même un emploi très peu fréquent de l'esprit à inventer et à planifier, quoi qu'il arrive, stimule *toutes* les facultés mentales à un degré extraordinaire.

J'exhorte donc sérieusement le sculpteur sur bois à étudier sérieusement la liste de sujets suivante, à y ajouter des éléments, et parfois à prendre l'un ou l'autre d'entre eux et à l'esquisser avec des variations. Il se souviendra peut-être, en faisant cela, que n'importe lequel des ornements donnés peut être varié et appliqué à différentes choses, comme, par exemple, la vigne sur un panneau circulaire peut être facilement adaptée à un carré. Des instructions complètes pour ce faire peuvent être trouvées dans « The Manual of Design », [2] prix un shilling, qui contient également de nombreux modèles parfaitement adaptés à la sculpture.

Le premier sujet à considérer est : Que concevoir ou fabriquer ? comment sa surface peut être décorée de manière appropriée ; et comment produire le meilleur effet avec le moins de travail. La simple élaboration n'est admirée que par les ignorants, et moins un élève est cultivé, plus il sera enclin à des schémas mesquins et denses.

Si l'élève souhaite dessiner l'un des objets décrits dans ce chapitre, s'il sait dessiner et s'il est capable d'adapter ou de modifier un motif, par exemple pour en créer un qui remplisse un triangle ou un carré. « installés » dans un cercle, ou étendus à un long panneau ou à une bordure, il trouvera quelque chose pour chacun d'eux, soit dans ce livre, soit dans le « Manuel de conception » déjà mentionné. Laissez-le également prendre soin de collecter autant de modèles que possible, de toutes sortes, et de les conserver dans un portfolio pour référence.

Tout étudiant en sculpture sur bois doit se rappeler que s'il possède un miroir pliant, qu'il peut fabriquer lui-même en coupant en deux un miroir carré de, disons, six pouces sur douze, il peut, à partir de n'importe quel modèle de ce livre. , ou à partir de n'importe quel ornement simple, réaliser (avec le moindre effort d'ingéniosité ou d'adaptabilité) une bordure en la répétant successivement, ou un ornement central qui peut être multiplié en tout ou en partie *à l'infini* . C'est-à-dire qu'il peut remplir n'importe quel espace donné, que ce soit un panneau, un plafond, un cercle, un triangle ou un hexagone. Ou il peut remplir de tels espaces en découpant simplement des ornements dans du carton et en les plaçant ensemble pour former des vignes ou des excroissances les unes des autres.

Panneaux. Un panneau est défini comme une planche entourée d'un cadre. Le mot est dérivé du vieil anglais *panel* , un morceau de tissu, du latin *pannus* , « un tissu ou un patch » ; du même mot nous avons *volet* . En sculpture sur bois, nous l'appliquons pratiquement à de petites planches destinées à être placées dans des meubles, des murs ou des plafonds, ou encore à en faire des couvertures de livres ou des couvercles de boîtes. Les utilisations des panneaux sont illimitées, car ils peuvent être introduits dans presque tous les types de meubles, tels que les dossiers et les côtés des chaises, les coffres, les sommiers, les cercueils, les jardinières, les portes, ou partout où une surface plane peut être ornée. . Lorsqu'il est entouré d'un cadre ou de plusieurs bandes de moulure , tout panneau devient amélioré lorsque le cadre extérieur n'est pas exagéré. En règle générale, la bordure d'un panneau doit être unie, de manière à définir ou à mettre en valeur distinctement le motif. C'est pour cette raison que de nombreux sujets très ordinaires et même grossiers « ressortent » ou ont fière allure lorsqu'ils sont ainsi « montés ». Une série de panneaux sculptés constitue une belle frise pour n'importe quelle pièce. Une bonne taille générale pour la plupart des travaux est un panneau de six pouces sur douze, plus ou moins, et d'un demi-pouce d'épaisseur. En *espaçant* un panneau pour l'ornement, l'élève peut commencer par faire un cercle au centre et un dans chaque coin, de manière à ce que les cinq remplissent tout l'espace. Transformez-les en vigne et appliquez des ornements. Il existe bien entendu d'innombrables variantes de ce principe. (Consultez le « Manuel de conception ».)

Chaises. Prenez n'importe quelle chaise, copiez-la, puis remplissez les espaces avec des ornements à sculpter. Les grandes chaises carrées à haut dossier et à l'ancienne comportent le plus de lambris et peuvent être confectionnées par n'importe quel ébéniste ou charpentier, *voir* Fig. 69 . C'est un très bon plan de toujours fabriquer de tels objets en morceaux, de les sculpter séparément, puis de les assembler. On peut remarquer, pour les débutants et ceux qui ne sont pas très expérimentés en ébénisterie, qu'il existe un genre de meubles très substantiel, autrefois très communément fabriqué en Allemagne, et qui a été beaucoup revivifié ces dernières années. Il est fabriqué entièrement sans colle, ni clous, ni vis, par simple découpe de trous dans lesquels font saillie des tenons ou *des extrémités* , lesquelles extrémités sont fixées de l'autre côté par des trous et des épingles.

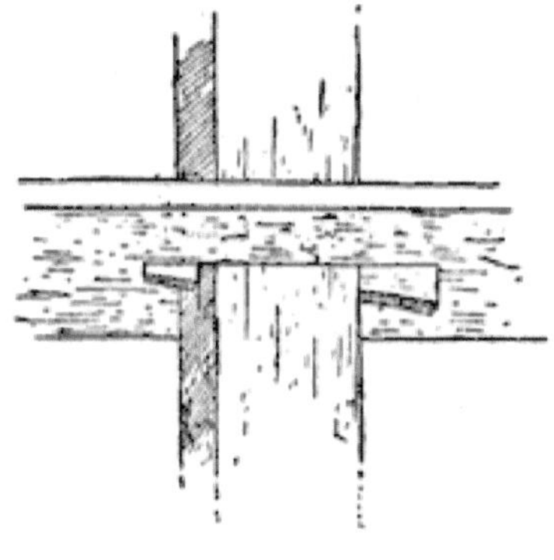

D'après ce principe, toute sorte de meubles peut être fabriquée par n'importe quel homme assez ingénieux pour simplement mesurer des planches, percer des trous carrés et y adapter des épingles. Les articles fabriqués selon ce procédé sont beaucoup plus résistants que tous les autres et présentent le grand avantage de pouvoir être facilement démontés, emballés ou stockés dans un très petit espace lorsqu'ils ne sont pas utilisés ; et le style est bien sûr plus adapté à la sculpture qu'aux meubles ordinaires. L'écrivain a en sa possession des chaises vieilles de 250 ans réalisées selon ce principe. Le siège est un carré de près de deux pouces d'épaisseur, dans lequel sont percés quatre trous dans lesquels les pieds sont simplement posés, comme dans un tabouret de traite. Entre les pattes postérieures sont pratiqués deux trous carrés dans lesquels sont insérés des tenons similaires pratiqués à l'extrémité inférieure du dos. Dans ces tenons sont pratiqués, exactement de l'autre côté du siège, deux trous carrés dans lesquels sont enfoncées des goupilles carrées, fig. 65 . Avec un peu d'ingéniosité ou de volonté, n'importe qui peut réussir à fabriquer n'importe quel meuble sur le même principe. Les sièges des chaises et des tabourets, ou les faces des tables, ne doivent jamais être sculptés, pour des raisons très apparentes. Il y a beaucoup d'espace pour que le sculpteur puisse travailler sur les bords et les pattes, et cela peut être rendu suffisamment frappant au moyen de coloration et de dorure, fig. 64 et 66 .

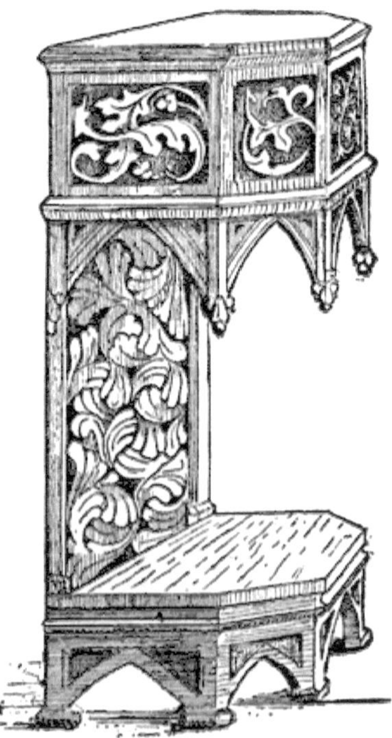

Fig. 66. CONSOLE OU SUPPORT.

Des boîtes. Ceux-ci se sont formés à tous les âges sujets de prédilection pour la décoration. Ils varient du plus petit cercueil au coffre. Une boîte avec son couvercle forme cinq panneaux ou, vu de n'importe quel point, trois. En Italie, autrefois, ils étaient souvent sculptés à l'extérieur et à l'intérieur. Les boîtes peuvent être fabriquées simplement par collage, clouage ou vissage, mais elles peuvent être tellement assemblées par un ouvrier expert que la jonction est tout à fait imperceptible. *Vidéo* « Quarante leçons sur la pratique de la menuiserie » par C. F. Mitchell. Cassell and Co. C'est un exploit en ébénisterie que de réussir cela *parfaitement* , et les boîtes ainsi assemblées coûtent très cher. L'apparence des boîtes est grandement améliorée par l'ajout de moulures , de bases et d'ornements en saillie. Il est conseillé à l'étudiant de sculpter ou d'acheter quelques patrons, tels que des têtes d'animaux ou des visages, des rosaces, et de tenter l'expérience de les adapter à une boîte ou de les sculpter sur une seule, fig. 67 .

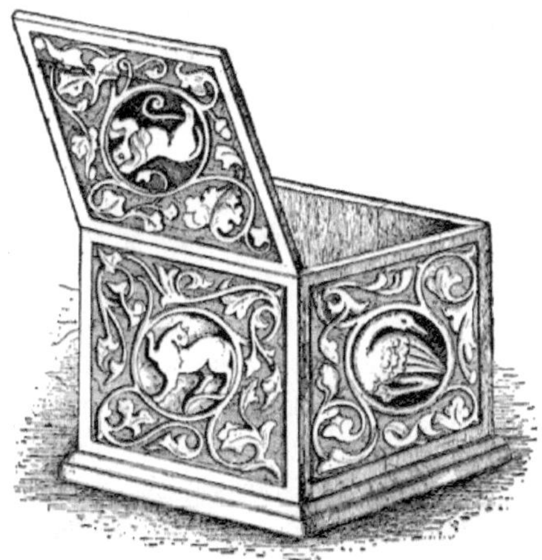

Figure 67.

Coffrets pour cigares. Ceci s'applique également aux récipients dans lesquels peuvent être placés des verres à fleurs. Prenez un cylindre de bois tourné ou façonné comme un tonneau, et installez-y un fond et un couvercle. Ils peuvent être constitués de très gros joints de bambou, qui peuvent également être magnifiquement sculptés et en partie colorés dans les lignes, comme cela est courant en Chine. Il est préférable que les cylindres tournés et les bambous soient entourés d'anneaux métalliques pour éviter qu'ils ne se fendent. Ils peuvent également être carrés, c'est-à-dire sous forme de boîtes.

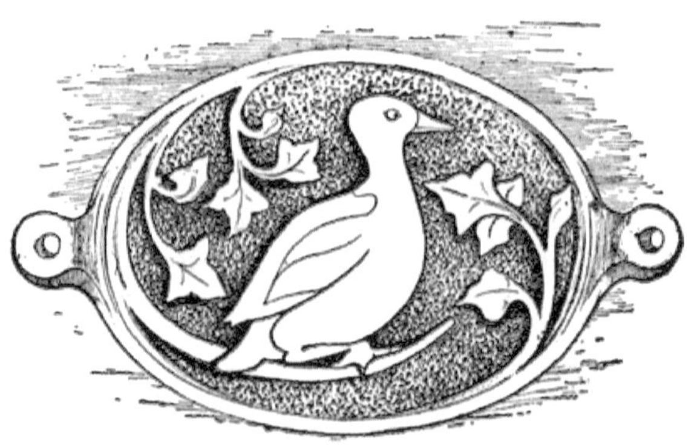

Fig. 68. PLATEAU POUR CENDRES DE CIGARES.

Plateaux pour cendres de cigares. Ceux-ci sont meilleurs lorsqu'ils sont sculptés dans du bois dur, comme une boîte, bien que n'importe quel autre puisse être utilisé. Il vaut bien mieux qu'ils soient plus grands et plus profonds que beaucoup d'autres utilisés, car les cendres sont continuellement arrachées des plus petites et peu profondes. Ils peuvent être ronds ou carrés, comme un poisson ou un petit livre (avec un couvercle), une carapace, une tortue ou une main écartée, un visage ou la figure d'un animal ou d'un être humain, fig. 68 .

Vannerie. Ceci est très facilement imité dans le bois et forme un style très joli et fantaisiste pour de nombreux types d'objets. Prenez n'importe quelle sorte de vannerie, soit celle en osier fendu, qui est demi-ronde, soit celle en jonc italien, ou celle des Indiens d'Amérique, qui est faite de bandes plates de frêne ou d'écorce de pin entrelacées, ou celle du rotin indien, et imitez avec des gouges plates ou des raffermissants . C'est un travail très facile et les débutants en deviennent vite des experts. Cela améliore l'effet, une fois le travail terminé, si une couleur sombre est peinte dans les dépressions. La vannerie peut être utilisée pour le sol des couches. La vannerie amérindienne, en bandes plates d'un tiers de pouce à un pouce de largeur, est la plus facile à imiter et peut être exécutée avec un seul outil en V ou plus ferme.

Fûts, petits fûts, fûts. Ceux-ci sont utiles pour les boîtes à vieux papiers ou pour contenir des cannes et des parapluies. Sculptés et colorés , ils forment des meubles très attrayants. Ils peuvent être utilisés pour les sièges de jardin. Têtes d' animaux *appliqués* à ceux-ci, certains pour des poignées pour les soulever, ou bien il faut y percer des trous à cet effet, *voir* Fig. 56 .

Cadres pour tableaux ou miroirs. Ceux-ci donnent une large gamme au sculpteur sur bois, car toutes les bordures conviennent aux cadres. Les têtes peuvent être *appliquées* aux coins et aux centres des cadres. Il est très souhaitable que les designers et les sculpteurs fassent preuve d'inventivité et s'efforcent de briser la monotonie et la faiblesse qui caractérisent la plupart des cadres, des bordures *vides* et des cadres photographiques.

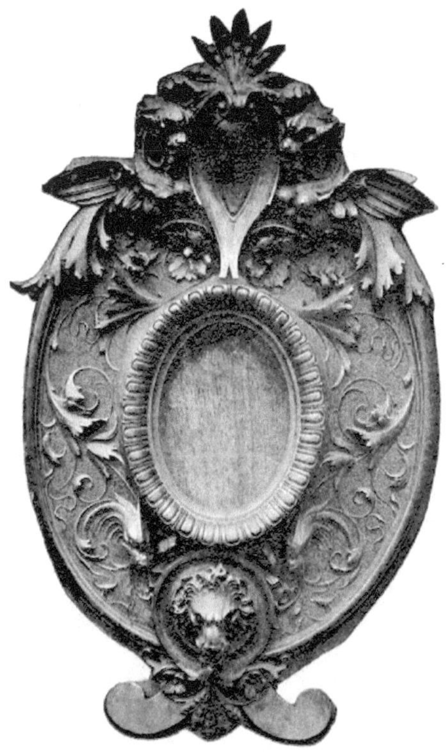

CADRE MINIATURE *P. 128*.

Cornes. Les cornes peuvent être sculptées, comme décrit précédemment, et des imitations en bois sont faciles à réaliser. Ce sont des objets ornementaux, utiles lorsqu'ils sont suspendus pour contenir de petits objets. Ils peuvent, en les trempant dans l'eau chaude, être ramollis et aplatis, *comme* le montre la Quinzième Leçon.

Carrelage. Ce sont vraiment des panneaux. Ce sont des morceaux de bois d'un demi-pouce à un pouce d'épaisseur, de la taille de carreaux ordinaires, sculptés en relief à main levée, colorés ou non, et sont très utiles pour la décoration de la maison, les bordures de cheminées, les corniches et les coins. . Le carreau, lorsqu'il est utilisé avec beaucoup de répétitions, devient l'ornement de la couche.

Jardins de fenêtres pour contenir des pots de fleurs. Ce sont des coffres carrés, tant que la fenêtre est large et d'un pied à dix-huit pouces de profondeur. Ils peuvent être constitués de deux ou trois panneaux, ou d'un long panneau devant, avec un à chaque extrémité. Ils forment d'admirables sujets de décoration.

Albums, portfolios, couvertures de livres. Ce sont des panneaux qui offrent une gamme infinie de designs et d'effets en sculpture sur bois. Ils peuvent être très joliment et facilement ornés par de simples estampages et tracés (*voir* Leçon II), ou en y insérant des fonds de couches, ou de la vannerie, ou encore par des sculptures en très faible relief, auquel cas il devrait y avoir une bordure dans un petit relief plus élevé pour protéger le motif des frottements, fig. 70 .

Canoës. Dans de nombreux pays, les grandes ou véritables pirogues sont fabriquées à partir d'une seule pièce de bois et minutieusement sculptées. De très jolis canots miniatures peuvent être fabriqués d'un à trois pieds de longueur avec n'importe quelle sorte de bois et recouverts de n'importe quelle sorte d'ornementation. Il n'est pas nécessaire de les extraire d'un seul bloc ou d'une seule bûche, car ils peuvent être constitués de deux ou plusieurs morceaux. Ils constituent des réceptacles utiles pour de nombreux objets.

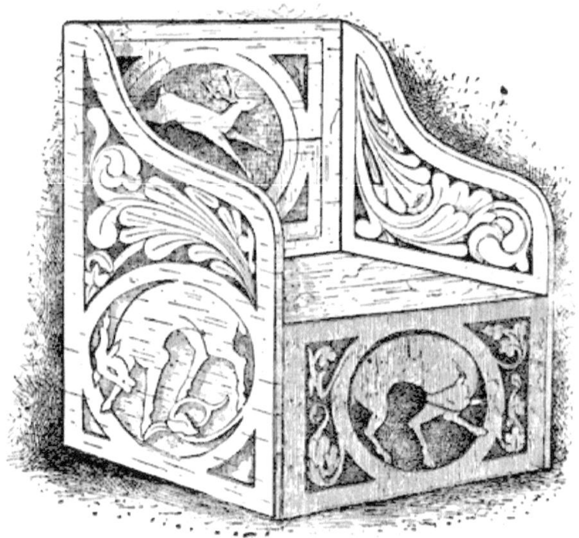

Figure 69.

Panneaux de portes. Ceux-ci peuvent être généralement ornés. Toutes les sortes de sculptures sur bois leur sont applicables, mais il ne faut pas oublier que pour toute décoration de ce genre, un style large, libre et audacieux est absolument nécessaire, et qu'il est imprudent de faire des œuvres murales qui doivent être visibles à de grandes distances. , en jolies fleurs ou en travaux trop délicats. Une pièce avec de bons panneaux de porte, des lambris ou des moulures et une frise, semble à moitié meublée, tandis que des ornements insignifiants et faibles nuisent à cette apparence. Le grand secret de l'attrait de la décoration médiévale et sauvage est son énergie. Même l'excentricité et le grotesque perdent tout ce qu'ils ont de repoussant lorsqu'ils sont exposés simplement et vigoureusement.

Des motifs sculptés en bas relief peuvent être appliqués sur les panneaux de porte.

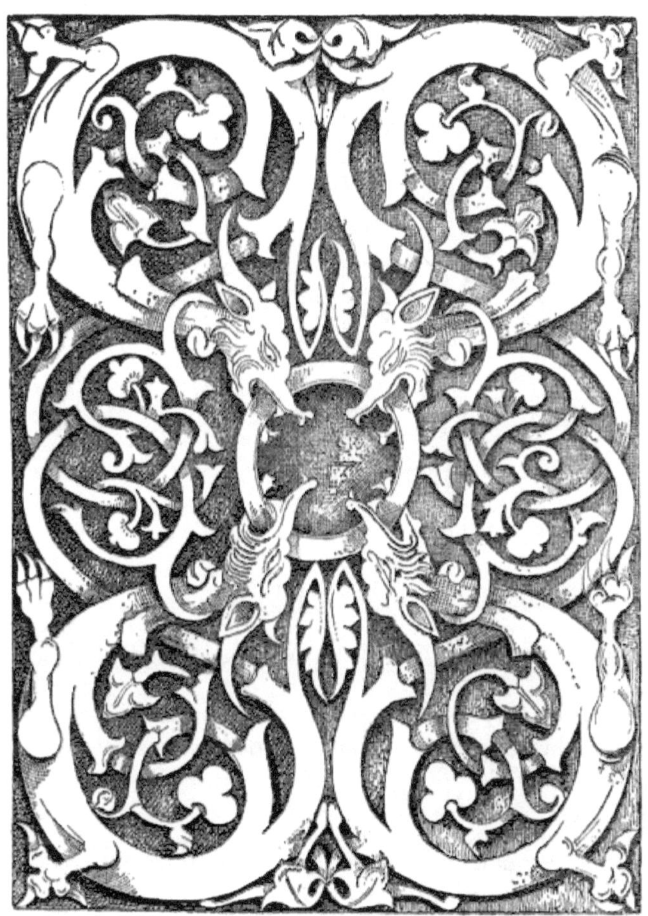

70. COUVERTURE DE L'ALBUM.

Repose-pieds. Ce sont de très petites boîtes à panneaux , à moins qu'elles ne soient constituées de supports ou de pieds.

Bancs. Les bancs simples sont rarement décorés, mais ils s'y adaptent admirablement. Ne sculptez jamais les sièges, à moins qu'ils ne soient repliés pour les protéger de la pluie, auquel cas les ornements de dessous des sièges de chœur ou des miseres peuvent être utilisés à bon escient. Lorsque le banc a un dossier, il devient un canapé ou un canapé grossier (*setl anglo-saxon* , un siège). À proprement parler, un siège est un *long* banc avec un dossier haut. Cela peut être sculpté en panneaux. Il y avait une vieille chaise double saxonne et anglaise conçue pour accueillir deux personnes, ce qui ressemble à une courte installation.

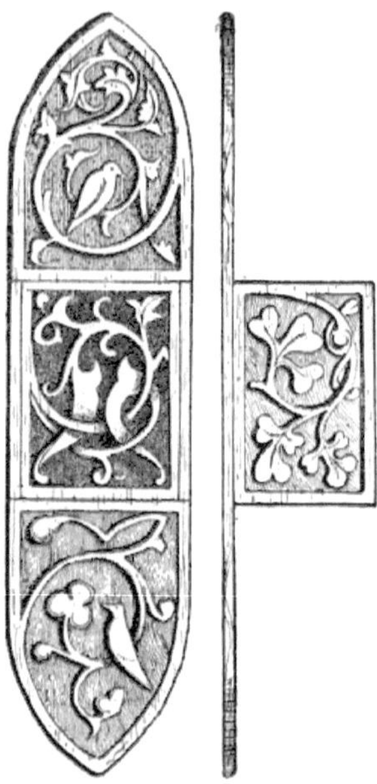

Figure 71. Boîte suspendue.

Boîtes suspendues. Il s'agit de boîtes généralement réalisées avec un fond, qui est la pièce la plus longue, et qui passe au-dessus et en dessous de la partie réceptacle. Ils sont utiles pour les journaux ou les lettres. Toute espèce de sculpture leur est applicable, fig. 71 .

Boîtes à clés. Ce sont de petites armoires suspendues. Dans chaque famille, de nombreuses clés de malles et de meubles traînent en vrac et sont difficiles à retrouver lorsqu'on en a besoin. S'il y avait une boîte à clés, on la trouverait toujours facilement. Fabriquez une boîte ou un cadre, disons dix-huit pouces de longueur sur dix pouces de largeur, à partir de quatre bandes de sapin ou de n'importe quel bois. Ces bandes peuvent avoir un demi-pouce d'épaisseur sur un pouce de largeur. Clouez-les ou collez-les ensemble de manière à former les quatre côtés d'une boîte. Ensuite, prenez une, deux ou trois bandes de fines planches rabotées et clouez-les soigneusement pour former le dos de la boîte peu profonde. Prenez maintenant un panneau qui formera le couvercle ou la porte de l'armoire. Il sera préférable de réaliser un cadre étroit composé de quatre bandes et d'y placer le panneau, comme une porte, avec charnières et serrure. Celui-ci est à accrocher au mur. Cela améliorerait beaucoup l'ensemble si l'intérieur et l'extérieur du meuble, ou tout le reste, étaient teints pour correspondre à la porte, qui, comme elle doit être sculptée, devrait être en noyer ou en chêne, ou dans une classe de bois de meilleure qualité. . Procurez-vous ensuite de petits clous argentés ou à tête plaquée et enfoncez-les en rangées dans le meuble. Les clés doivent y être accrochées.

Armoires. Il peut s'agir de boîtes verticales avec portes, à trois côtés ornés, le quatrième étant placé contre le mur, ou à trois côtés pour un coin. Les formes des cabinets sont extrêmement variées et l'artiste doit consacrer beaucoup de temps à les concevoir. Ils sont de toutes tailles, depuis les grandes *armoires* pour vêtements jusqu'aux cercueils. Le mot armoire est dérivé du français *cabane* , une cabane. Les premiers habitants de l'Italie fabriquaient des récipients pour les cendres des morts exactement comme les cabanes dans lesquelles ils habitaient.

Sabots ou chaussures en bois. Ceux-ci servent admirablement à sculpter et sont très jolis lorsqu'ils sont colorés ou ivoires, bronzés à l'antique ou autrement ornementés. Les sabots sont utiles pour contenir de petits objets et peuvent être transformés en porte-cendres de cigares.

Poignées de parapluie. Celles-ci offrent un champ inépuisable au concepteur et sculpteur de petits objets.

Chopes. Ces objets cylindriques et toutes sortes d'objets cylindriques sont les mêmes en ce qui concerne la conception des panneaux, sauf que le motif, lorsqu'il n'est pas divisé en divisions définies, doit être continu ou circulaire sans interruption. Ils ont déjà été décrits.

Boîtes à stylos et à crayons. Une forme très pratique est celle d'un pot en bois tourné rond, uni et vertical. Les petites boîtes carrées ou rondes sculptées à cet effet ne sont pas difficiles à réaliser. Ils peuvent être faits comme des tours ou des châteaux, des troncs d'arbres, des tonneaux ou presque n'importe quel objet creux.

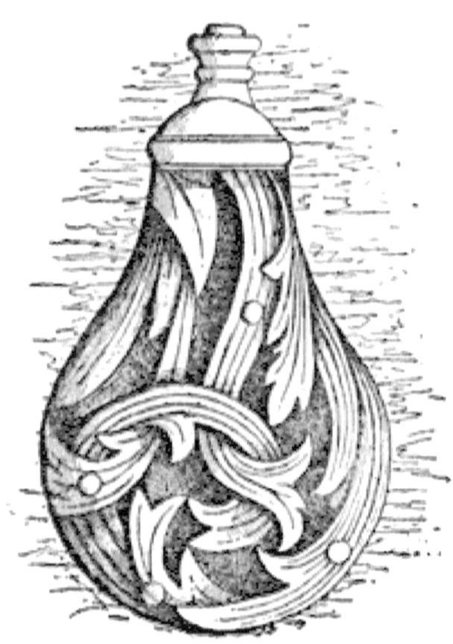

Figure 72. FLACON.

Bouteilles de pèlerinage et flacons de poudre. Prenez deux morceaux de planche, chacun d'un pouce d'épaisseur, rabotez-les en douceur et sciez les deux en ovales parfaitement assortis, de, disons, six pouces sur dix. Coupez le centre des deux. Ajustez-les exactement. Arrondissez ensuite chaque moitié de manière à ce qu'une fois réunies, elles forment un anneau rond, comme un pain français. Ensuite, creusez soigneusement le centre des deux, y compris le cou, et collez les moitiés ensemble. Sculptez l'extérieur, fig. 72 et 73 . Au Moyen Âge, ces bouteilles étaient fabriquées de différentes tailles pour contenir de la poudre à canon. Ils étaient sculptés dans l'ivoire ou dans le bois dur et étaient recouverts d'une très grande variété de sujets, tels que des cerfs, des chiens, des sangliers, des oiseaux, des amours, des scènes de la mythologie païenne et de la Bible, ainsi que des grotesques ordinaires.

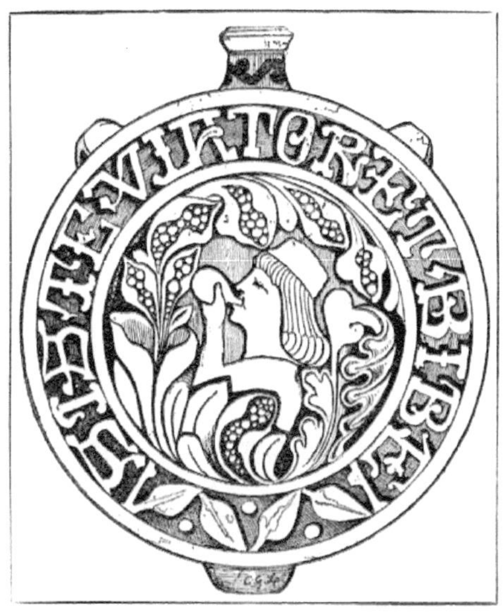

Figure 73. BOUTEILLE DE PÈLERIN.

Sanctuaires ou reliquaires. C'est le nom conventionnel des boîtes ou des cercueils réalisés exactement en forme de maisons, le couvercle étant un côté du toit. La forme est pratique pour une boîte. Ils étaient couverts d'ornements des espèces les plus variées ou les plus grotesques.

Momies. La momie égyptienne ou sa boîte extérieure ou son sarcophage constitue un excellent sujet pour une boîte utile. Prenez deux morceaux de bois, adaptez-les pour faire une boîte, comme celle du type égyptien, c'est-à-dire dont le couvercle est environ un quart de l'épaisseur de la boîte. *Appliquez* ou collez davantage de bois sur le couvercle, au centre . L'ensemble peut être ensuite lissé, peint et doré, ou encore sculpté en bas-relief, ou simplement estampé. Il peut également être entièrement doré, et les points et les ombres peints en marron ou en ivoire. Prenez pour modèle un véritable sarcophage. Le travail n'est pas difficile et le résultat sera un très bel objet.

Sarcophage romain. Il s'agit simplement d'une boîte carrée sculptée en très haut relief, sur le modèle d'un tombeau romain. Les ornements peuvent être *appliqués* . Ces sarcophages sont très beaux une fois iivorisés.

Livres. Un très joli modèle pour une boîte est un livre ancien du XIIe ou XIIIe siècle, avec ses fermoirs et autres ornements en haut-relief. L'un des couvercles est monté sur charnières et forme le couvercle. Il faudra prendre soin de polir et d'orner l'ensemble de manière à ressembler à un original. Il était très courant de fabriquer les côtés des livres anciens à partir de panneaux de bois sculptés en haut-relief. Des fermoirs et des clous en argent, en laiton ou en fer provenant de ces livres anciens peuvent être achetés dans de nombreux magasins de bric -à- brac .

Bâtons ou Alpenstocks. Un bâton de quatre ou cinq pieds de long est plus utile pour un piéton parcourant une grande distance qu'une canne, et il est remarquable qu'il soit tombé dans une telle désuétude. Autrefois, dans les pays du nord, ils étaient souvent carrés, les coins étant légèrement arrondis, puis recouverts d'inscriptions et d'ornements runiques. Il s'agissait très souvent d'almanachs, de sorte qu'un homme voulant savoir quel était le jour de la semaine ou du mois n'avait qu'à consulter son équipe ou à « lever le bâton ». On les appelait des sabots. Ils pourraient être acceptables et utiles à de nombreux touristes. Ils étaient couramment sculptés par les paysans, et on en trouve peut-être encore quelques-uns dans le Suffolk.

Cuillères. Les cuillères en bois sont facilement sculptées et ornées. Il est très curieux que, indépendamment de tout argot moderne attaché aux mots « cuillère » ou « cuillère », deux cuillères, du fait de leur assemblage parfait, soient considérées dans de nombreux pays comme une sorte de mariage et d'accord parfait. Au Pays de Galles, comme en Suède et en Algérie, il est d'usage d'offrir aux nouveaux mariés un morceau de bois sculpté en forme de deux cuillères, et j'en possède moi-même des spécimens. Si quelqu'un souhaite établir cette coutume en Angleterre , il trouvera probablement que le présent serait généralement le bienvenu. Deux cuillères dans une tasse sont, c'est bien connu, le signe d'un mariage heureux. J'ai vu de grandes cuillères en bois sculptées, peintes et vernies, ou dorées ; deux d'entre eux, attachés ensemble par un ruban, étaient suspendus comme une amulette pour assurer la paix.

Soufflet. Ceux-ci sont sculptés en bas-relief et peuvent être ornés par une simple indentation ou un contour et un estampage. C'est le moyen le plus facile d'obtenir le bois et de le scier, un demi ou un tiers de pouce de noyer ou de chêne, puis de le sculpter et de faire confectionner le soufflet, fig. 74 et 75 .

Plateaux. Prenez un morceau de panneau d'un tiers à un demi-pouce d'épaisseur et sciez-le pour lui donner n'importe quelle forme, comme celle d'un poisson, d'un sanglier, d'un cochon, d'un chat, d'un lapin, d'une tortue, d'un lièvre, etc. ., en prenant soin que la forme se rapproche toujours de celle d'un cercle, d'un ovale, ou du moins d'un diamant. La plupart des animaux peuvent être dessinés dans une bordure circulaire, comme vous pouvez le constater par vous-même en mettant un chat, un lièvre, etc., dans un cerceau. Indentez avec un travail estampé ou sculptez en ruban, en bas-relief, finissez et polissez avec soin, teignez en noir, puis huilez ou vernissez. Ceux-ci sont utiles pour s'interposer entre les tasses, les vases, etc., et la nappe. De très jolis effets peuvent être produits en incrustant de petits disques de perle ou d'ivoire pour former les yeux, etc.

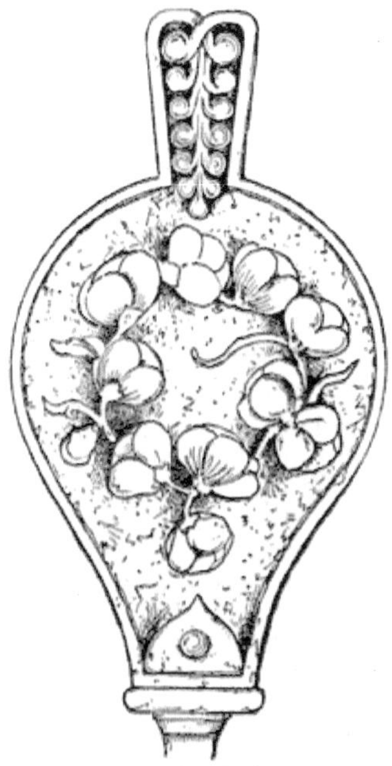

Fig. 74. Le Wind-Flower,
ou Anémone.

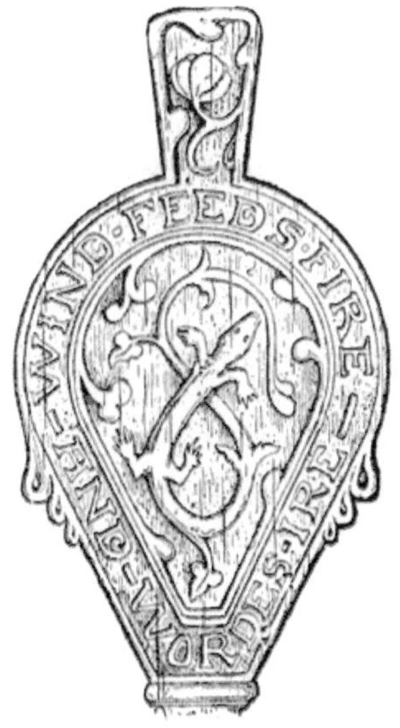

Figure 75. Une salamandre.

Lunettes et espaces. Il arrive souvent qu'il y ait au-dessus d'une cheminée ou d'une porte, ou au-dessous ou au-dessus d'une fenêtre, un espace comme un demi-cercle, ou une demi-ellipse ou un ovale, ou un carré ou un rectangle de toute sorte, qui pourrait très bien être rempli, et on constatera que, dans la plupart des cas, il n'y a rien de plus approprié que la sculpture sur bois. Il sera facile pour quiconque est le moins familier avec le dessin d'adapter les dessins de cet ouvrage, ou du « Manuel de conception », à de tels espaces.

Faux dossiers de canapé. Lorsqu'un salon ou un canapé plat et simple est placé contre un mur, son apparence peut être grandement améliorée de deux manières. Tout d'abord, un tapis ou un tissu peut être accroché au mur, en lui faisant simplement correspondre sa taille et en le respectant. Deuxièmement, et c'est très efficace, faites des planches ou des panneaux une seule pièce, aussi large que la longueur du canapé, et de deux pieds à la hauteur de votre choix. Il peut descendre jusqu'au sol ou commencer par le canapé. Taillez-le. Cela semblera être le dossier du canapé ou une protection pour le mur ; en tout cas, cela apparaîtra très bien. Il peut être constitué de panneaux séparés, disons six ou huit pouces sur douze ou seize, constitués en un cadre. De telles pièces peuvent être placées pour soutenir tout type de meuble qui repose en permanence contre le mur.

Pièces de porte. Des panneaux aussi longs que la porte est large, et de un à deux, trois ou même quatre pieds de diamètre, lorsqu'ils sont sculptés, forment de belles décorations à placer *au-dessus* d'une porte ; ils peuvent également être utilisés pour être placés au-dessus des fenêtres. Les inscriptions, ou de simples figures ornées, leur vont très bien.

Pièces extérieures ou de façade. Beaucoup de maisons, qu'il s'agisse d'un manoir ou d'une chaumière, qui semblent tout à fait prosaïques et simples, pourraient être grandement améliorées si, entre ses fenêtres, à l'extérieur, on pouvait placer des panneaux ornementaux. Ceux-ci peuvent être peints, sculptés dans la pierre, moulés en ciment Portland ou autre pierre artificielle et, dans de nombreux cas, sculptés en bois. Des inscriptions ornementées en vieil anglais et des figures simples conviennent à ces panneaux ; en tout cas, que ceux qui les adoptent s'efforcent de ne pas avoir les amours et les ornements banals que l'on voit généralement dans la décoration murale. Il n'est peut-être pas de bon ton d'être grotesque, mais ceux qui l'évitent complètement sont presque toujours monnaie courante. Figure 76 .

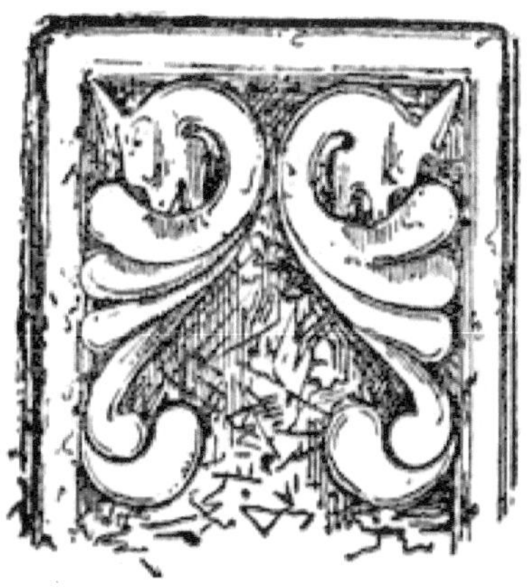

Figure 76.

Caisses à bois ou à charbon. Ce sont des boîtes carrées avec couvercles, à placer près de la cheminée. Le seau à charbon et les charbons peuvent y être placés. En sculptant tout ce qui ressemble à cela, c'est une bonne idée d'introduire des lettres ornementales et des devises appropriées.

Plateaux de pain. On peut les voir dans tous les magasins de fantaisie ou d'ameublement où l'on vend des articles en bois. Ils peuvent être grandement améliorés en les sculptant pour servir de panneaux ronds.

Pièces de cheminée. Ceux-ci sont généralement constitués de panneaux et de bandes de pilastres, et quiconque peut les exécuter en détail peut les faire fabriquer. Il est souhaitable que l'élève copie quelques ou plusieurs cheminées, grandes ou petites, d'après des cheminées réelles, et en adopte les ornements. Et comme ce sont des articles qui subissent beaucoup d'usure et de frottements, il peut être bon de se rappeler qu'une finition trop délicate est mal placée là où le frottement avec du savon et du sable est sûr de s'installer un jour, et où, en tout cas, le dépoussiérage et d'autres processus sont inévitables. Après quelques années, le feuillage ou les fleurs sont coupés au dernier degré, commencent à perdre leurs feuilles et semblent cassés ou déchiquetés. Une bonne sculpture à plat, qui supporte tout, vaut mieux que cela, et les roses, même si elles sont en haut relief, n'auraient pas l'air pire si elles étaient taillées solidement, bien que conventionnelles. Une bonne cheminée et un beau fauteuil à haut dossier peuvent être très bien exécutés par quiconque sait sculpter des panneaux ordinaires.

Il n'y a pas de cheminée, même dans la plus humble chaumière, pour laquelle une cheminée ne puisse être faite. Sa partie supérieure peut dans la plupart des cas être réalisée pour supporter des étagères ou un meuble ; dans un coin, ils sont bien sûr triangulaires. Des lettres gothiques ou ornementées peuvent être utilisées dans l'ornement. Pour cela, des proverbes ou des citations relatives à la cheminée sont appropriées.

Poutres. Lorsque les poutres qui soutiennent l'étage supérieur restent exposées, la pièce est améliorée en étant surélevée. Si ces poutres sont sculptées, même si cela est fait grossièrement, toute la pièce semble ornée. C'est le cas de manière frappante lorsque les poutres sont teintées en brun foncé, puis légèrement retouchées sur les points saillants avec de la dorure. S'il est trop difficile de sculpter les poutres *sur place* ou sur place, il est facile de les orner avec des ornements sculptés appliqués. Il faut prendre soin de les rendre uniformes avec le bois.

Supports. Il peut s'agir de parapluies, de chapeaux, de vêtements, d'armes à pipe et à d'autres fins. Une grande ingéniosité et un bon goût peuvent être développés lors de leur conception. D'une part, que le concepteur soit très prudent. Faites-lui voir que les piquets ou les crochets sont solidement fixés et ne sont pas ornés. J'ai vu de tels meubles, dans lesquels une fleur à quatre coins et aux arêtes vives est placée une et même deux fois sur un crochet, tandis que sur d'autres il y a à l'extrémité une saillie de plus d'un pouce de diamètre, qui est plate sur le dessus. dos ou dessous, avec un bord tranchant. Le résultat est que lorsqu'un manteau est suspendu par la boucle d'une telle patère et ensuite tourné ou tordu une ou deux fois, comme cela arrive souvent, il est parfois presque impossible de l'enlever.

Le bossage ou projection centrale ronde constituait une partie ou une spécialité très importante dans la sculpture sur bois médiévale . Il peut être avantageusement utilisé comme centre et met en valeur les sculptures plates ou simples. Il est parfois utilisé comme poignée pour les coffres. Il s'agit, lorsqu'il s'agit d'un simple demi-cercle, d'une forme très facilement esquissée. Il peut s'agir d'une tête d'animal, d'une fleur, d'une seule feuille enroulée ou de plusieurs feuilles. L'étudiant est particulièrement invité à copier autant qu'il le peut des dessins gothiques. Un bossage au fond d'un bol, ou dans une soucoupe ou *une plaque*, produit un bon effet, la surface concave qui l'entoure produisant un bel effet d'ombre, qui pourrait être plus fréquemment employé par les fabricants de cadres. Cet ornement, très facile à réaliser et très frappant, est ainsi préparé. Procurez-vous un bol ou un plat rond peu profond ; n'importe quel tourneur en fera un pour vous. Puis sculptez dans un hémisphère de bois une tête ou un patron de feuilles ou de fleurs, ou un dragon. Arrondissez le fond avec une lime pour l'ajuster, et avec de la colle et une vis, fixez-le au bol. L'intérieur du bol peut être poli, verni, doré ou ivoire.

Boîtiers d'horloge. Une horloge ordinaire n'est pas très chère, et lorsqu'elle est correctement repeinte et placée dans un cadre bien sculpté, sa valeur sera considérablement augmentée. Une tour est un très bon sujet pour un boîtier d'horloge.

Vestibule. La petite antichambre, entre la première et la deuxième porte, commune à de très nombreuses maisons. Celui-ci peut être orné d'un lambris ou de dados en longs panneaux. Il est très souvent ainsi décoré en Amérique. Pour les chalets et les maisons de campagne, ou même pour les hôtels particuliers de ville, ces panneaux peuvent être joliment et convenablement décorés avec des gougeages dans des rainures, un motif plat en simple découpe, comme n'importe qui peut apprendre à l'exécuter en quelques heures. Remplissez le motif ou les découpes avec de la peinture foncée, et s'il est exposé à des changements de tempérament ou à des frottements, laissez-le être huilé ou verni. Le même travail convient bien entendu aussi bien aux halls qu'à toute autre pièce, mais le vestibule, étant petit, peut servir de début.

Balustres d'escalier. Celles-ci offraient un travail inépuisable aux artistes d'autrefois et devraient tenter tous les sculpteurs sur bois. Il n'est pas du tout nécessaire qu'ils soient strictement ajourés, en treillis ou en rails, car les beaux objets de ce genre étaient autrefois souvent fabriqués en panneaux. Mais le sculpteur doit particulièrement faire attention aux feuilles ou aux crochets qui dépassent, car ils ont tendance à « attraper » les vêtements.

Travaux de jardinage. De nombreuses sculptures sur bois audacieuses peuvent être exécutées pour les jardins sous une grande variété de formes. Les supports ou les tables pour les fleurs en pot et les bacs peuvent être décorés, des panneaux placés dans les murs et des maisons d'été construites avec une bien plus grande variété qu'elles ne le sont actuellement. La poésie fournit une variété infinie d'inscriptions propres aux jardins, qui peuvent être sculptées et ornées. Il convient de noter que les statues de Flore, Pomone et Vertumne aux formes archaïques simples étaient utilisées pour protéger les jardins et les vergers chez les Romains, et il serait facile de les sculpter en bas-relief sur des panneaux.

Portes. Les portes des campagnes, des jardins, etc., offrent un large éventail d'habiletés au sculpteur, et comme ce sont les premiers objets généralement vus autour d'une maison, ils peuvent être ornés de la manière la plus appropriée. Dans ce travail, comme dans beaucoup d'autres, l'art du charpentier se conjugue avec celui du sculpteur. Il faut cependant se rappeler, en ce qui concerne les portes, comme pour toute décoration quelle qu'elle soit, que tout ce qui peut jamais gêner le chemin n'est ni beau, ni raisonnable, ni convenable. Il ne devrait jamais y avoir d'ornement déchiqueté ou pointu là où il pourrait « attraper » les vêtements.

Sommiers. Le châlit était autrefois considéré comme si approprié à la sculpture, que je trouve dans un excellent ouvrage italien ancien sur les meubles plus d'illustrations de cet article que dans tout autre. Même les objets très simples et bon marché peuvent doubler de valeur grâce à un peu de sculpture judicieuse.

Plateaux. Ceux-ci peuvent être fabriqués dans une grande variété et contenir de nombreux types d'objets. En règle générale , le plateau est une boîte longue et peu profonde, mais il peut être sculpté dans une seule pièce de bois et sert ensuite à transporter des objets, la seule pièce étant nécessaire pour lui donner de la solidité. S'il est orné de sculptures, le plateau forme un objet attrayant lorsqu'il est accroché au mur. Et on peut remarquer ici qu'un des grands objets de toute sculpture est que la plupart des objets qui sont utiles d'une manière ou d'une autre doivent être ornementaux lorsqu'ils ne sont pas utilisés. Nous ne souhaitons pas que des plateaux et des boîtes à charbon gênent s'ils sont simples, mais lorsqu'ils sont décorés, ils servent aussi bien de tableaux pour orner une pièce.

Caisses à charbon ou à bois. Voir Caisses à bois ou à charbon.

Boîtes à sel, boîtes de collecte. Ces articles très utiles ne doivent pas nécessairement être limités en termes de contenu, ni confinés à la cuisine ou à la « collection ». Si l'on allonge la partie de la boîte qui s'appuie contre le mur, ou son dos, la boîte à sel devient une sorte de console. *Voir Boîtes suspendues.*

Planches à étagères. Il arrive très souvent qu'un homme de lettres, un dessinateur ou un architecte, même si sa table de travail est grande, la trouve encombrée de livres, etc. Pour y trouver de la place, l'étagère est très pratique. C'est simplement une planche, disons d'un pied de large, posée sur deux supports qui la soulèvent à douze ou quinze pouces de la table. Pour gagner de la place, ces supports peuvent chacun être une boîte carrée ouverte dans laquelle des livres peuvent être placés. L'avantage de cette étagère est qu'elle peut être déplacée à tout moment lorsque la table est débarrassée. Une planche ordinaire dans une pièce n'est pas un objet attrayant, son bord, voire un côté, peut donc être sculpté.

Supports et étagères de support. Ces objets utiles peuvent être réalisés sous des formes très diverses. Le plus simple consiste simplement en trois morceaux de carton attachés ensemble en triangle. Dans l'illustration, Fig. 77 , il y a cinq pièces. Le centre de *b* est incliné à un angle de 45°. Les étagères à supports sont fabriquées en accrochant deux supports et en posant une planche dessus. Un support peut être réalisé sur une planche plus longue et comporter deux ou plusieurs étagères, il devient alors un support ou une armoire suspendue. Ou bien le support peut être une longue bande dans laquelle sont placées des chevilles en bois ou en métal, sur lesquelles sont accrochés des objets. Une très grande variété d'ornements sculptés ou estampés peuvent être adaptés aux consoles.

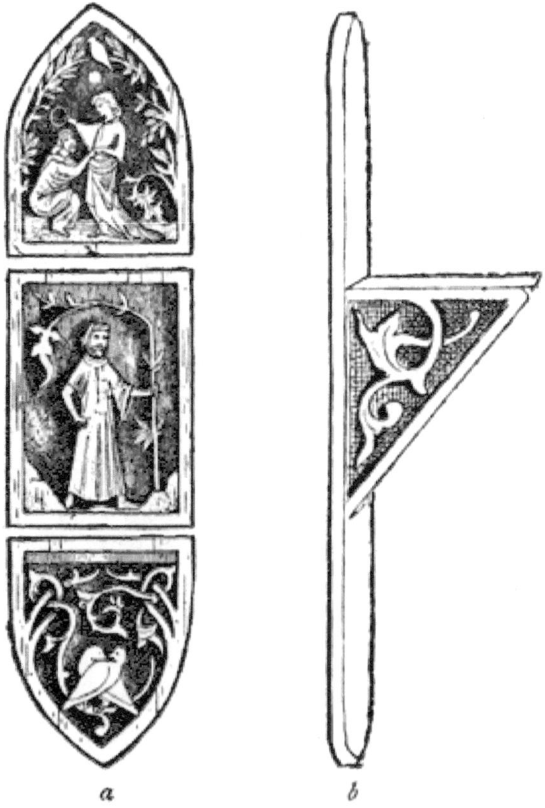

a   b

Figure 77. SUPPORT. LE TANNHÄUSER.

Étuis pour violon et guitare. Dans les temps anciens, ceux-ci étaient souvent sculptés de manière minutieuse et formaient ainsi un ornement, au lieu d'être, comme tous ceux utilisés aujourd'hui, tout sauf attrayants.

Poignées pour tiroirs. Le style suspendu ou à charnière des poignées à l'ancienne, aujourd'hui si répandues, présente les inconvénients de ne pas être toujours faciles à ouvrir ou à « trouver » et de se briser fréquemment. Le bouton qui était vissé était toujours usé et tombait en panne. Le type le meilleur et le plus pratique est constitué d'une tige carrée qui passe à travers un trou carré dans le tiroir. Il comporte également un trou carré dans lequel est enfoncée une goupille carrée qui le maintient fermement. Des sculptures en très faible relief peuvent être appliquées pour orner ces poignées, mais elles ne doivent jamais être de nature à produire des inégalités positives, telles qu'une pression ou une blessure à la main. Si la goupille est légèrement en forme de coin, elle ne peut jamais s'user et la poignée ne peut pas non plus se desserrer, car lorsqu'elle se produit, il suffit de l'enfoncer davantage. Une commode très simple peut être rendue beaucoup plus attrayante avec un bel ensemble de poignées. Les poignées sont une autre forme de patrons.

Ornements appliqués. Les anciennes pièces de monnaie romaines en bronze, telles que celles qu'on peut acheter pour deux ou trois deniers, sont souvent assez belles pour être appliquées avec un bel effet dans des cercueils, des chopes ou des boîtes. Posez la pièce sur le bois, tracez son cercle exact avec une épingle et faites ceci jusqu'à ce que la ligne soit assez profondément rayée. Découpez le disque avec beaucoup de soin, afin que la pièce puisse y adhérer parfaitement. Pour cela, il est préférable d'utiliser des pièces très épaisses. Laissez-le dépasser un peu de la surface. Fixez-le avec du ciment diamant ou turc. Bien entendu, des médailles ou des pièces de monnaie de toute nature peuvent être utilisées. Faites une bordure dans le bois autour de la pièce de monnaie, et si vous le souhaitez, appliquez un autre ornement sur cette bordure. Les gros clous à tête ronde sont très efficaces dans les meubles. Les coffres peuvent en être joliment ornés.

Boîte à vieux papiers. Une boîte sculptée est bien plus « esthétique » et solide qu'une corbeille à papier ordinaire. La boîte peut être sculptée selon un motif de panier et rendue plus large en haut qu'en bas.

Les frontières. Tout ornement prolongé en ligne ou en bande forme une bordure. Une ligne ondulée, ou constituée d'hémi-cercles, réunis ou non avec des ornements dans chaque compartiment, est un bon plan de bordure. Il en va de même pour toute sorte de vigne. Lorsque les hémi-cercles sont carrés et joints, ils deviennent la base du méandre grec ou mur de Troie. Des angles et d'autres formes sont également utilisés. N'importe quelle couche peut être répétée de manière à former une bordure. Les bordures autour des panneaux et autres marges, et tout le long des bords des planches pour étagères, consoles et la plupart des ouvrages mentionnés dans cette liste, peuvent être exécutées avec un effet hautement décoratif, et avec une facilité et une précision difficiles à atteindre par la sculpture, avec le marteau et tampons mentionnés dans la première leçon. Des lignes sont d'abord tracées sur l'ouvrage comme guides pour placer les poinçons afin d'assurer la régularité.

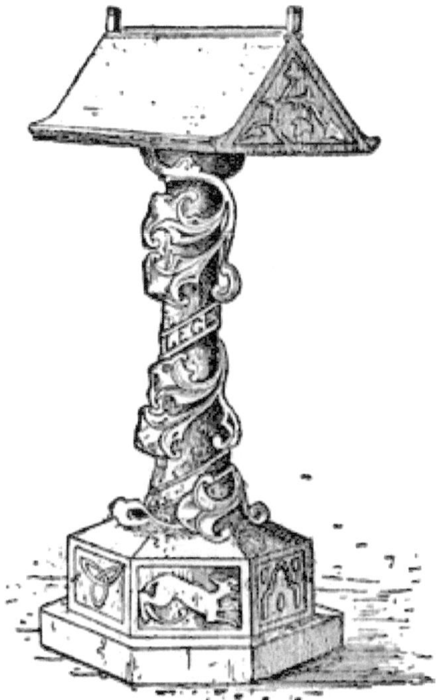

Figure 78. PUPITRE.

Pilastre. Bien que ce terme soit généralement appliqué à ce qu'on peut appeler un pilier à côtés plats contre un mur, ou un demi-pilier plat, dans la sculpture sur bois, il désigne tout aussi souvent une bordure en relief perpendiculaire. Comme les bordures, les pilastres sont utilisés de nombreuses façons en décoration, comme sur les murs, les bureaux , les armoires, les buffets, les tables, ou partout où une longue « bande » doit être remplie.

Moulure de base . Il s'agit généralement d'une bordure qui constitue la partie inférieure d'un meuble, etc. Ainsi, s'il y a un panneau et un cadre, et en dessous, juste au-dessus des « pieds », une bande sculptée, c'est une moulure de base . Les filets étroits de ceux-ci peuvent également être décorés par estampage.

Buffet ou Buffet. Un meuble éminemment adapté à l'ornement. Il peut être réalisé avec un dossier ou avec des étagères, des niches ou un meuble placé dessus à la place d'un dossier.

Boîtes d'aumône, tirelires. Ceux-ci sont constitués pour les églises, généralement d'après des conceptions gothiques, et offrent une large gamme de conceptions.

Lutrin. Un bureau de lecture d'église. Cela a toujours été un sujet de prédilection des sculpteurs sur bois, fig. 78 .

Extrémités des bancs. Un sujet favori des sculpteurs dans les temps anciens, *vide* Fig. 80 .

Porte-papier. Un article très utile pour transporter du papier, un carnet de croquis, ou pour presser des feuilles et des fleurs et les rapporter à la maison. Prenez deux morceaux de planche, d'un tiers à un demi-pouce d'épaisseur et de six pouces sur huit, plus ou moins selon vos désirs. Le papier est placé entre ces planches et le tout fixé avec une dragonne. Il est habituel d'y graver un motif floral.

Boîtes à anneaux ou circulaires. Prenez une planche de n'importe quelle épaisseur, par exemple une de deux pouces, et faites-en un disque ou un cercle, à l'aide de la scie à chantourner en acier, fig. 16 ; puis en traçant un autre cercle à l'intérieur de celui-ci, j'ai scié un anneau d'environ trois quarts de pouce d'épaisseur. Adaptez-y un fond et un couvercle, tous deux bien entendu également circulaires. Ce sera comme ce qu'on appelle une boîte à fromage. Pour doubler la profondeur, sciez deux anneaux et collez-les ensemble. Cela donnera quatre pouces de profondeur. Les boîtes peuvent ainsi être réalisées de n'importe quelle forme, comme un poisson, puis sculptées.

Cadres de photographie ou de miroir, ou supports. Prenez un morceau de planche mince de six pouces sur quatre ou cinq, ou de toute taille requise. Découpez dans un coin autant de bois que nécessaire pour la photographie ou le miroir, en laissant suffisamment de bois pour un motif. Ces derniers sont devenus très populaires ces derniers temps, fig. 79 .

Fig. 79. CADRE POUR PHOTOGRAPHIE, MIROIR, ETC.

Triptyque. Deux couvertures ou planches dépliantes sur charnières, destinées à recouvrir un tableau ou un ouvrage sculpté ou émaillé ou marqueté. Ces triptyques peuvent être utilisés inversés comme pupitres, ou bien sculptés des deux côtés, puis lorsqu'ils sont ouverts, accrochés au mur comme ornements. Lorsqu'il n'y a que deux planches, comme dans un album, on parle de diptyque.

Encoignures. Tables réalisées avec un angle pour s'insérer dans un coin d'une pièce.

Boucliers. Sculptées dans le bois, celles-ci forment de jolis ornements.

Incitega . Une sorte de support ou de table pour les fleurs. Il était généralement constitué de tiges ou de bandes, mais il peut très facilement être formé comme une boîte, c'est-à-dire une pyramide tronquée inversée. Les côtés sont sculptés.

Monopode ou Table centrale. Une petite table circulaire soutenue par une tige ou un pied central, utilisée par les anciens lors des divertissements sociaux.

Orbe. Globe recouvert d'ornements sculptés en bas relief. Ils forment des décorations très efficaces.

Fleuron. Un ornement final, correspondant à une fleur comme un crochet à une feuille latérale, fig. 80 , etc.

Porte-monnaies. Supports conçus pour s'insérer dans le coin d'une pièce.

Armoires d'angle. Armoires adaptées à un coin d'une pièce. On y trouve également des objets de monnaie ou d'angle, des meubles en tout genre.

Moulures . Ce sont des bordures ou des bandes étroites, très efficaces pour donner du relief aux espaces longs. Un bon effet pour une bordure complète, un fond de couche ou un motif large peut souvent être obtenu en doublant, en triplent, etc., des moulures . En utilisant le miroir pliant , un segment de n'importe quelle moulure ou bordure peut être converti en ornement pour remplir n'importe quel espace donné, de n'importe quelle forme. Il existe plusieurs outils spécialement conçus pour découper des figures dans des moulures .

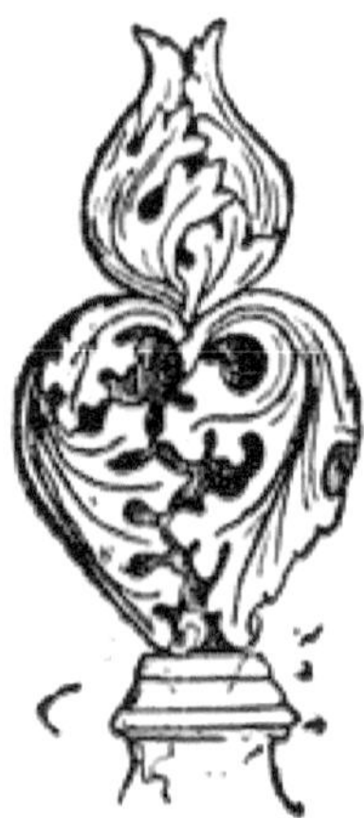

Figure 80.
TÊTE DE PAVOT.

Des têtes de coquelicot. Il existe de nombreux cas où la sculpture peut être appliquée avec succès pour soulager la nudité. « De tels ornements, généralement de petits groupes de feuillages » (bien que souvent des figures avec des feuilles), « étaient autrefois placés sur les sommets des bureaux et autres boiseries de bureau » (F. W. Fairholt). Les têtes de pavot peuvent cependant être placées ou adaptées à toutes sortes de meubles, avec une variation de forme, fig. 80 .

Bougeoir. Chandelier mural, qui prend généralement la forme d'un support en saillie en bois ou en métal. Ils sont nés au XVe siècle et étaient généralement de conception enrichie. Ils peuvent être sciés dans des planches ou sculptés sous de nombreuses formes.

Écrans en treillis. Il s'agit de fines planches en treillis ouvert, généralement réalisées par sciage à chantourner et sculpture ultérieure. Ils sont utiles à placer derrière les fenêtres et à de nombreuses fins.

Tympan. Un espace triangulaire, qui peut être rempli d'ornements sculptés.

Verge ou Barge-board. L'ornement du pignon en boiserie, largement utilisé pour les maisons au XVe siècle. Il offre un large champ de décoration.

Couronnes de fleurs. Cercles ou anneaux sculptés en bois, qui forment de beaux ornements, surtout lorsqu'ils sont suspendus à intervalles réguliers. Ils peuvent être utilisés pour les cadres, fig. 81 .

Acerra. Une boîte carrée, sur pieds ou supports.

Têtes et jambes. Lorsqu'un cylindre, ou un bâton carré, ou une corne, ou une boîte ovale, est amené à ressembler grossièrement à une figure en y ajoutant une tête et des jambes, c'est ce qu'on appelle.

Ædicula . Une petite maison ou tour, généralement utilisée comme boîte. Des articles très efficaces et beaux sont ainsi réalisés.

Correction préalable. Ornement sculpté dans la pierre ou le bois, ou en terre cuite, « pour donner une finition ornementale ou pour dissimuler des jonctions disgracieuses dans la maçonnerie » (Fairholt). Il y a peu de maisons de campagne ou de chalets où ils ne peuvent pas être appliqués.

Ciboire, Synédoche . Récipients très richement ornés dans lesquels est conservée l'Hostie. Ils peuvent être imités pour les armoires. Dans les églises espagnoles, on les appelle *custodia* .

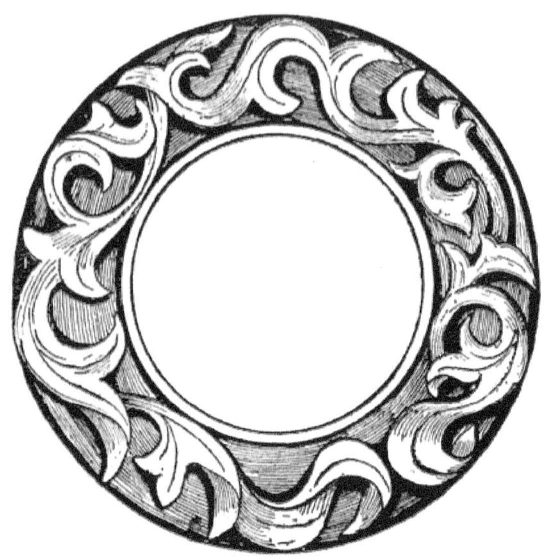

Fig. 81. Boîte à bagues, couronne ou plateau de pain.

Cyma. Moulage constitué d'un joint rond et creux, appelé *cyma recta lorsqu'il* est creux au-dessus, et *cyma reversa* lorsque la cavité est en dessous.

Modillons . Supports dans l'architecture gothique, la partie inférieure ayant souvent la forme d'un animal ou d'un être humain grotesque.

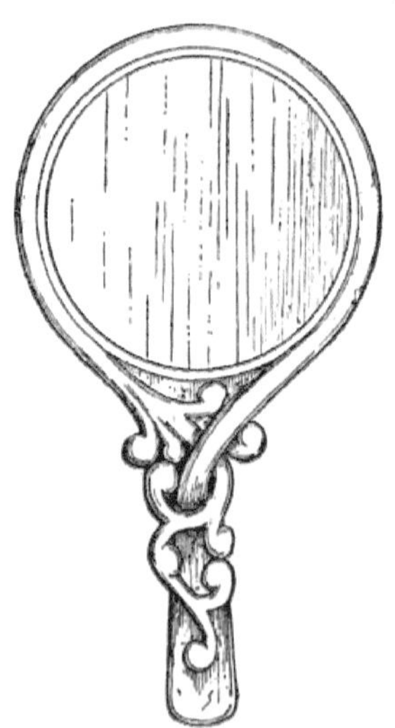

Figure 82. Miroir à main.

Miroirs à main. Ceux-ci offrent un champ de conception infini. Figure 82 .

Échinus. L'œuf et la langue ou le moulage de l'œuf et de l'ancre , un peu comme l'ornement du cœur et de la fléchette. C'est facile à réaliser et c'est très efficace. Des visages peuvent être coupés sur les « œufs ».

Grandes lignes. Figures d'hommes, d'animaux, etc., découpées ou sciées dans des planches, et peintes ou sculptées. Ils sont courants dans les églises italiennes. Ils forment des ornements suspendus très efficaces. Les oiseaux peuvent s'adapter à de beaux contours.

Faisceau de marteau. Extrémité saillante d'une poutre, souvent sculptée.

Moulure de capot . Moulure qui recouvre ou surmonte une porte ou une fenêtre à l'extérieur, formant une sorte de capot ou de protection contre les intempéries . On l'appelle également goutte à goutte ou moulure météo . Il peut être magnifiquement orné et devient ainsi une décoration saisissante.

Impôt. Moulure horizontale au sommet d'un pilier d'où jaillit l'arc.

Console. (Français.) Supports dans les meubles.

Coffres à parfums. Boîtes aux couvercles perforés dans lesquelles est conservé *un pot-pourri* de feuilles de rose, ou un mélange de racine d'iris en poudre et d'épices.

Barattes. Une baratte sculptée est un ornement fantaisiste, utilisé pour contenir des papiers, etc. La poignée est fixée au couvercle et sert à le soulever.

Poignées pour bols, tasses ou boîtes. Ceux-ci sont sciés à partir de planches d'un demi à un pouce d'épaisseur, puis fixés au bol ou à la boîte, généralement avec des vis. Lorsqu'ils sont de forme gracieuse ou pittoresque, ils transforment n'importe quel bol ou chope ordinaire, avec très peu de problèmes, en un ornement attrayant. Ils sont presque particuliers à la Suède et à la Norvège, où on peut en voir dans les musées une très grande variété.

Cadres en écorce. Un ornement curieux et frappant peut être réalisé de cette manière. Prenez un morceau de liège, de chêne ou autre écorce, qui peut mesurer un pied de longueur sur six pouces. Faites-y un ovale ou un cercle dans lequel sculptez n'importe quel sujet. L'écrivain fit autrefois sculpter ainsi une image de la Vierge, qui fut très admirée. L'écorce brun foncé est beaucoup améliorée par la dorure grossièrement étalée sur ses points saillants. Si le fond de la sculpture est doré et l'écorce laissée dans son état naturel, l'effet sera également bon.

à trois pattes ou *de traite* . Ceux-ci sont généralement sculptés sur le siège. Les ornements peuvent être sculptés et mieux appliqués comme sur la Fig. 83 .

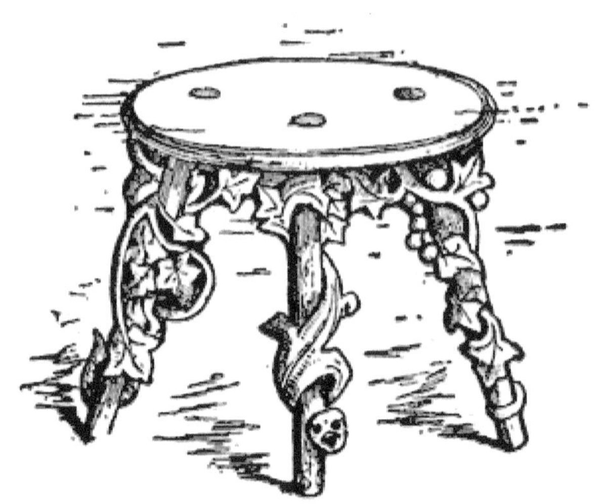

Fig. 83. TABOURET À TROIS PIEDS.

[1] Pour les dessiner et les orner, consultez « Drawing and Designing », de C. G. Leland ; Londres, Whittaker et Co.

[2] Londres : Whittaker and Co. Chicago : Rand, McNally and Co.